FIDEDIGNUM

Libro 5.
Al y la esfera pancromática

U

Gabriel «Gabi» Losa nació en Salamanca, Castilla y León, España, a finales de los años sesenta, en el seno de una familia numerosa. Cursó sus estudios de primaria y secundaria en la ciudad que lo vio nacer, finalizándolos en Wichita, Kansas, EE.UU. Se formó como piloto de aviación en Bremen, Alemania, y en Phoenix, Arizona, EE.UU y ha dedicado los últimos 35 años de su vida a volar como piloto de líneas aéreas por medio mundo. Padre orgulloso de dos hijas, viajero incansable, máster en Psicología General Sanitaria (UDIMA) y en Educación Sexual y Asesoramiento Sexológico (UCJC), cree en el advenimiento de un mundo más amable donde el amor se convierta en la única forma de existir.

© Gabi Losa, 2025

Ilustración de portada de Kenneth Patterson

I.S.B.N. obra completa: 979-13-87862-83-1
I.S.B.N. Tomo 5: 979-13-87862-88-6
Depósito legal: AB 858-2025

Este libro
se terminó de imprimir
el 29 de septiembre de 2025,
Fiesta de los Santos Arcángeles,
Miguel, Gabriel y Rafael.
Siempre presentes.

unoeditorial.com

FIDEDIGNUM

Libro 5.
Al y la esfera pancromática

Gabi Losa

U

Índice

A quienes han sido tocados por el soplo Divino, para que sigan siendo un puerto seguro para los demás. Y a quienes se sienten solos, para que recuerden que no lo estamos. Que seamos uno en el amor de "lo incomprensible".

Llegamos al final del recorrido, al libro último, que no es, en realidad, un final del camino. Quizá valga la pena, en todo caso, hacer una breve recopilación. Estos libros dentro del libro han dedicado buena parte de su cuerpo principal a intentar que el lector se fije en la existencia del ego. Para ello, se ha recurrido a infinidad de definiciones y de afirmaciones, pero hay que considerar que no se trata de que todas ellas estén en concordancia unas con otras como piezas de un puzle que encajen a la perfección. ¿Por qué? No solo porque esto no es un «curso», con sus capítulos temáticos correspondientes, sino también porque existen tantos egos como mentes humanas.

El ego es una experiencia personal que suele ser anónima para la mente. Simplemente somos, pero no sabemos qué somos y, por lo general, tampoco nos importa. Se ha intentado dirigir la atención del lector hacia el hecho de que su mente funciona desde el ego, y para ello se ha recurrido a muy diversas exposiciones de diferentes tipos de ego. Con ello, quizá, aunque solo sea de casualidad, el lector podría sentirse identificado con uno de los múltiples tipos de ego que se definen. Comprendo que esto puede generar disonancias o controversia no solo en un entorno academicista, sino también en una mente ordenada y rigurosa, pero esa es la manera que hemos planteado para conseguir que el ego se dé cuenta de su existencia sin sentirse atacado o minusvalorado. De hecho, se busca generar esa discusión, lejos de nuestra intención plantear afirmaciones tajantes y conclusiones inapelables. Nada de verdades como puños o de «las cosas son así, y punto».

Fidedignum es, en fin, más bien una canción, o un poema en espiral que pretende envolver al lector para que, al final del mismo, y sin que este se dé cuenta, se haya producido una metanoia, la transformación del yo en el no-yo.

No voy a ser feliz hasta que... pague la hipoteca o me cambie de casa, hasta que... ¿Esto es verdad? ¿Quién es el que dice que no va a ser feliz? ¿Está pensando en los demás el que piensa así o está pensando únicamente en uno mismo? ¿Puede ser feliz alguien que piensa únicamente en sí mismo y no piensa en los demás? ¿Dónde está el amor en estos pensamientos? ¿Dónde está el amor hacia el hecho de vivir, de ser conciencia de la vida, hacia el hecho de ser uno con el prójimo, de ser hijos de lo incomprensible, hermanos en la vida y en la muerte?

Dicho esto, en este Libro 5 volverán a aparecer algunos asuntos que ya han ido surgiendo en los libros anteriores, pero ahora, en estos capítulos finales, cobrarán especial protagonismo otros con los que ir trazando las últimas curvas de la referida espiral —trazada de dentro afuera o de fuera adentro, véalo el lector como prefiera—, tomando en consideración tanto el macrocosmos como el microcosmos como, quizá, parte de lo mismo, la idea de transformación, así como la de compasión, la de paz y el hecho de juzgar, que nos aleja indefectiblemente de ella, del amor como piedra angular de lo incomprensible y de lo incomprensible mismo, de la eternidad, de la no-existencia, del fluir, ser fluyente y, en fin, de la felicidad. Con todo ello, y tras las extensas páginas precedentes, quizá podamos estrechar un poco el cerco, si se nos permite el símil policial, lograr atraer la atención del lector hacia su propio yo y despertar en él la curiosidad sobre el no-yo para que se anime y se arme de valor y recorra ese camino que llamamos no-yo. El camino es el que es.

Es el final del poema, que no su conclusión. El libro no puede ser eterno, la espiral sí. Vayamos terminando, pues.

Plena desnudez

Plena desnudez. El camino es percibido como un trayecto en el que uno va despojándose de todo lo que no se es para caminar completamente desnudo. Ya no nos vale la ropa que llevábamos ni las máscaras se ajustan ya a la cara, no nos sentimos cómodos donde estábamos. La escafandra es innecesaria y el traje espacial nos comprime, aprieta, molesta e impide la libertad de movimientos. Ya no engañamos a nadie y nadie puede engañarnos. La verdad florece, nace a cada instante e ilumina el camino, siendo a su vez el camino.

Es un camino honesto, fidedigno, y lo transitamos con atención plena. El camino nos transforma y se transforma con nosotros. Echamos de menos a aquellos que no son conscientes del camino y esperamos que pronto tengan conciencia de él. Su camino también es el que es y comprendemos que así tiene que ser. Lo incomprensible, por otra parte, se hace cada vez más evidente, la magia brota por todos los rincones, la calma se hace cada vez más presente, el amor florece, la compasión nos abraza y la búsqueda, aunque no hayamos encontrado lo que buscábamos, ha llegado a su fin.

Paz. Gratitud. Amor.

1. Transformación e impermanencia

Transformación significa que nunca llegamos.
Es un estado de infinita impermanencia que
la mente finita no puede comprender.

Mutatis mutandis: cambiando lo que se deba cambiar. El pensamiento o la idea que antes nos hacía sentir mal no nos afecta ahora. ¿Incoherencia o transformación?

El origen del malestar se va transformando a medida que se transforma la comprensión sobre él y, por ende, uno mismo también se va transformando.

El mar siempre reclama lo que es suyo

Anteriormente dijimos que el ego eran las olas del mar que nos golpeaban. Ahora decimos lo contrario. El camino es así.

El ego construye muros altos y gruesos para detener la fuerza del mar, el ímpetu de las olas. Pero al final, el mar acaba encontrando una grieta por la que colarse o acaba por erosionar sus muros con su insistencia eterna, inundando la fortaleza.

El ego es un castillo de arena en la playa. Por más que nos empeñemos, el mar acabará por devolverlo a su playa, hasta que no quede ni rastro de dónde estuvo ese castillo. Porque formamos parte de la playa, somos un grano más de arena, aunque el ego quiera diferenciarse del resto de granos de arena y construirse un castillo para protegerse del mar.

El mar es esa fuerza que nos moldea, nos bate, nos arrastra, nos cubre, nos expone, nos afina con su incesante oleaje, nos traga y nos escupe. Es una fuerza contra la que no podemos luchar, porque el mar siempre reclama lo que es suyo. Y nos reclama para que formemos parte de ella, para que seamos la playa. Y cuando dejemos de ser grano para convertirnos en playa, el mar seguirá batiéndonos incesantemente hasta que nos convirtamos en polvo. Y cuando seamos polvo, el aire nos elevará hasta que la temperatura baje y alrededor se condensen gotitas minúsculas de vapor de agua, gotitas que acabarán formando una nube que descargará sobre el mar, donde caeremos de nuevo y formaremos parte del océano. Ya expusimos anteriormente el ciclo del agua.

Y si, aun así, queda en nosotros algo de solidez, el mar nos devolverá a la playa y seguirá desintegrando el ego hasta que un día nos elevemos al cielo, caigamos al mar y nos convirtamos definitivamente en agua pura, en océano infinito.

Y no hay nada que uno pueda hacer para detener este proceso ni para adelantarlo. Acabaremos formando parte del océano, disueltos en él. Y como gotitas de agua nos elevaremos al cielo y caeremos donde toque, irrigando allá donde caigamos, siendo para siempre agua que finalmente volverá a fluir hasta el océano infinito.

El camino es el que es.

Tetraesfera

¿Vivimos dentro de la esfera o en la superficie?

Anteriormente nos hemos referido a la esfera para intentar ilustrar la esfera del yo, el espacio cerrado desde donde funciona el yo. Ahora decimos eso y lo contrario. Enunciamos otra esfera diferente, una esfera de conciencia del no-yo, una esfera que se despliega, que no tiene límites. Una esfera infinita: la tetraesfera. El camino es el que es.

Vivir en la superficie de la esfera es lo que aparentemente hacemos siempre. Profundizar en la esfera del no-yo, en la tetraesfera, significa que estamos dentro de la esfera y que esta va cambiando con uno.

Se trataría, ya lo vimos, de un estado espacial cuatridimensional. Se mantienen las tres dimensiones espaciales anteriores, pero la esfera del no-yo se va desplegando alrededor de uno. La mente del yo cree que uno es simplemente la esfera tridimensional. Dentro de la esfera del no-yo tampoco existe el tiempo como lo conocemos.

La conciencia es la tetraesfera,[1] que estaría hecha de conciencia. En ciertos momentos, puede materializarse en tres dimensiones si así lo decide.

Nos preguntamos si la tetraesfera, para existir, necesita de una mente, de energía mental, de pensamiento. Intuimos que no.

Pura transformación

Repetimos lo dicho anteriormente.

La mente del yo, ya lo vimos, cree que no hemos venido al mundo con ningún propósito, que no existe ninguna solidez en la vida. Todo es etéreo, incomprensible y no puede ser controlado ni acumulado.

La vida es pura transformación. No hay certezas ni marcos, barreras, suelo, paredes ni techo. No hay ninguna seguridad ni nadie que pueda dárnosla.

La mente del yo cree que no ha habido, no hay ni va a haber ningún Salvador, tal y como ella lo concibe, que venga a salvarnos. Aparentemente, no hay

---

1 Soy consciente de que el término «tetraesfera» desafía toda lógica, al menos desde la estricta racionalidad; en fin, que podría decirse, más llanamente, que no tiene sentido. Pero, como ya hemos ido viendo, en estos libros estamos intentando que la mente rompa con la lógica y se atreva a explorar universos donde no aplican las leyes de la física ni los teoremas matemáticos ni la geometría clásica. Quizás —o no— sirva para hacernos pensar y reflexionar. Acaso haga que la imaginación de algún lector vuele, si lo desea, por esferas poliédricas o viceversa o por dimensiones nuevas. O puede que no, pero se asume ese riesgo.

nada ni nadie en peligro, nada ni nadie que necesite ser salvado de nada ni de nadie. Simplemente hay vida, hay transformación, aunque aún no seamos capaces de darnos cuenta. No tenemos un principio ni un final, no tenemos límites, no existimos como entidades independientes.

Somos pura transformación, energía que no se crea ni se destruye y, a veces, trascendemos el yo, tomamos conciencia y vibramos en amor. En ocasiones, tomamos conciencia de la armonía que reina en el camino y no podemos evitar llorar de tanta alegría. A veces somos conscientes del eterno e infinito amor que es, y el tiempo se para mientras permanecemos sentados en ese parque observando un árbol desnudo un día gris de invierno con el único sonido del canto de los pájaros, o bailando descalzos en el salón de casa, solos —desde el punto de vista de la mente del yo—, pero bailando con ella mientras suenan Mary J. Blige & U2 o mirando desde la ventana con el sol acariciándonos la cara con Ludovico Einaudi sonando de fondo y penetrando por cada poro de la piel, nutriendo cada célula del cuerpo.

En todos esos momentos, breves desde el punto de vista de la mente del yo, el tiempo se detiene y uno deja de ser uno para ser Uno, y es simplemente tan inexplicable como bello, tan sencillo como extraordinario, tan delicado como poderoso, tan inocente como serio, tan fácil como profundo.

La mente del yo cree que somos transformación, sin etiquetas. Cree que somos fuerzas, calma, luz y sombra, somos paz y guerra, felicidad y desdicha, fortuna y desgracia, riqueza y pobreza, humildad y ostentación, caridad y vanidad... en función de nuestra capacidad de ver, de amar, de trascender. Somos lo uno y su opuesto, teniendo en cuenta, como sabemos, que en un nivel de conciencia diferente no existen los opuestos.

El ego necesita expandirse, la conciencia se despliega.

Está permitido alejarse ante el maltrato de aquellas mentes del yo que antes eran muy importantes para uno.

Sí y no, dependiendo de donde estemos en ese momento, y no siempre ni nunca.

Llevamos toda la vida conduciendo con las cuatro ruedas del coche pinchadas y, a pesar de ello, hemos llegado casi siempre a donde queríamos. Pero quizá ya sea hora de cambiar de ruedas, de poner unas nuevas, hincharlas a su presión correcta y conducir ligeros, libres. Tampoco se trata de llegar.

Transformación significa que nunca llegaremos. Es un estado de infinita impermanencia que la mente finita no puede comprender. No es ni tan siquiera evolución, es pura devolución: vuelta a la esencia.

La orden —mandato— no es el orden. Ordenar es dar órdenes —mandar— o poner orden —colocar armónicamente—. Lo dijimos.

La vida —si seguimos con la misma comparación— es como ir en un coche sin frenos y cuesta abajo. Gritar no va a servir de nada. Podemos probar a sentarnos al volante y conducir, intentando no estrellarnos ni atropellar a nadie, incluso disfrutando del camino mientras dure. O podemos también intentar soltar el volante y confiar, porque aparentemente no existen el volante ni el coche, ni tan siquiera existe uno mismo tal y como la mente del yo cree.

No se trata de simple exposición, se trata de comprensión.

Hay un proceso dinámico de interrelaciones en el que unos y otros se necesitan para existir.

No estamos solos. Pedir ayuda.

Einstein se dio cuenta de que una cantidad ínfima de masa puede liberar una enorme energía. Nos podemos preguntar si eso también es aplicable a la anatomía humana y, en particular, al cerebro humano. ¿Puede una neurona, siendo tan diminuta como es, desarrollar una cantidad de energía suficiente como para cambiar, al menos, lo que aparentemente es el mundo en el que vivimos?

No entendiendo.

2. Conciencia

Ser testigo de la existencia siendo existencia
misma. Eso es conciencia.

Como ya se dijo algo más arriba, en nuestro fuero interno, «conciencia», al igual que «iluminación», «espiritualidad», «mística» y «sabiduría», entre otros, se dicen también sin pronombres, artículos, adjetivos ni ningún otro elemento gramatical más allá de la propia palabra, aunque aquí nos referiremos a ella en multitud de ocasiones, por la fuerza de la costumbre y también para una redacción más fluida, como «la conciencia».

Tercer ojo

La mente del yo cree que es posible que exista algo que algunos han llamado un «tercer ojo». Para que funcione, parece necesario detener el pensamiento, observar y no intentar entender. En ese momento, aparentemente, cierta información entraría en la mente deteniendo el pensamiento, aunque entonces no comprenderemos su significado, que nos sería desvelado o cobraría sentido, por lo general, en los días o meses siguientes.

A veces, la mente está en un estado de plena atención. En ese momento, parece que descifra algún mensaje que parecía oculto. Si uno intenta, utilizando la mente del yo, comprender su significado, la capacidad de ese «tercer ojo» se desconecta de inmediato.

La presión en la mente es impulso proyectado.

La obligación en la mente es deseo proyectado.

El primer nivel de conciencia

La mente del yo cree que el primer nivel de conciencia consistiría en hacer las paces con uno mismo, disolviéndose de esa manera los pensamientos que nos perturban.

También pasaría por reconocer las sombras que proyectamos en los demás y que percibimos como síntomas. Conviene explicarse. En este contexto, «las sombras» son los pensamientos sobre uno que odiamos en nosotros mismos; los pajarracos negros que anidan en el árbol de la mente, aquello que somos —desde el yo—, pero que no queremos ver, y aquello que no somos, pero que pensamos —desde el yo— que somos: todo lo que nos disgusta de nosotros. «Proyectar» significa que lanzamos pensamientos negativos sobre los otros; les lanzamos los pajarracos negros y vestimos a los demás con los ropajes que no nos gustan de nosotros mismos. En cuanto a los «síntomas», queremos decir que vemos en ellos todo lo negativo que hay en nosotros y que les habíamos lanzado previamente; es decir, vemos los pajarracos negros que anidan en nosotros; sin embargo, al habérselos lanzado a ellos, ahora solo los vemos en ellos. Pero siguen siendo los pajarracos negros que habitan en la mente del yo. Además, como realmente son pensamientos, no son pajarracos ni objetos reales, solo pueden ser vistos por la propia mente.

Este primer nivel de conciencia pasa también por desenterrar el polo negativo que hemos ocultado bajo toneladas de negación. La pelea entre dos polos, entre los supuestos polos opuestos, es la batalla eterna que vivimos en la mente del yo, siendo origen del resentimiento y del conflicto interior y, por tanto, de la falta de paz.

Cuanto más profundo es el nivel de conciencia, más profunda es la visión.

La conciencia nos permite ver con claridad lo que antes veíamos borroso. Funciona como unas gafas de ver.

Estar faltos de vista puede ser un don, ser miopes de conciencia no lo parece tanto.

La sombra del pino

La sombra que proyecta el pino sobre el suelo no existiría sin el pino ni sin la luz del sol. La sombra del pino parece real, visible, podemos sentirla y casi tocarla y, sin embargo, no es más que una proyección del pino.

La sombra solo puede reflejar lo que existe previamente. Sin pino, no hay sombra.

La sombra necesita algo que la origine. Tampoco existiría sin el suelo donde reflejarse.

Algo parecido, como hemos visto antes, ocurre con los pensamientos: necesitan existir en la mente para luego ser proyectados por ella misma y encontrar un lugar donde reflejarse, es decir, «alguien a quien colocarle el mochuelo», una pantalla.

Si seguimos con la imagen del árbol y la sombra, vemos que en función de la distancia entre el pino y el suelo y de la intensidad de la luz del sol, la sombra nos parecerá más o menos real. El suelo donde se refleja la sombra del pino no es el árbol mismo, al menos en este nivel de conciencia.

Sin el árbol no puede haber sombra. El árbol es lo que realmente somos a nivel del yo. Y sin la luz del sol no puede haber sombra. Esa luz, en este ejemplo, es la capacidad de la mente del yo de proyectarse en otros, la energía cegadora que produce la mente egoica para ver al otro como el otro y no como uno mismo. Sin suelo no es posible la sombra. El suelo son los otros, la pantalla donde se reflejan y aparentemente cobran vida nuestros pensamientos.

La sombra la forman, como ya vimos, los pensamientos sobre uno que nos disgustan en nosotros mismos.

El camino pasa por reconocer el origen de la sombra y sus diferentes partes, reconciliarse con ella y amarla, porque la sombra no es el pino, pero se le parece mucho y solo existe porque existe el pino. Además, sabemos que el pino únicamente existe a nivel del yo.

El paradigma holográfico

La mente del yo construye la realidad al percibir aquellas frecuencias que vibran dentro de un rango que puede captar para, a continuación, transformarlas en pensamientos. Cree así que cada mente funciona como una simple neurona de una mente cósmica mucho más grande y potente de lo que podamos nunca imaginar. Esto está relacionado con el camino. Con independencia del aparente número de caminos, únicamente parece existir uno.

Existen diferentes niveles de interacciones a nivel energético-vibracional y cada cuerpo-cerebro, por lo general, solo es capaz de percibir el nivel material de la realidad, obviando todo lo demás.

Cada mente puede sintonizar con diferentes niveles de energía-vibración. Es probable que todos los niveles estén interconectados, pero desde el nivel de percepción de la materia, al menos en apariencia, no podemos percibir otros niveles. Niveles de conciencia más profundos, como la intuición y la espiritualidad, conectan con otros niveles de energía-vibración que no son comprensibles ni explicables desde el nivel cuerpo-mente.

Somos el mismo oxígeno que respiramos

El oxígeno que respiramos y que está fuera de los pulmones y, por tanto, fuera del cuerpo, no es algo que consideremos como parte de nosotros. Sin embargo, con cada inhalación ese oxígeno recorre los pulmones, se filtra a la sangre, circula por cada célula del cuerpo y es transformado en diferentes procesos químicos. De hecho, sin ese oxígeno el cuerpo y la mente morirían al cabo de unos pocos segundos. Y, pese a ello, no somos capaces de ver que somos el oxígeno que nos rodea, que este y todo el aire que nos rodea y nosotros mismos somos uno. Sabemos que sin oxígeno no viviríamos, pero no los percibimos como parte de nosotros. La mente del yo cree que el aire no solo nos da la vida, sino que es la propia vida. Que el mismo aire que respiramos y que es uno mismo durante unos segundos, es el aire que exhalamos y es también «tú» durante unos segundos. Que si tú y yo somos el mismo aire que respiramos, tú, yo y el aire somos también uno, aunque tú y yo nos percibamos de manera independiente. Pero la verdad es que tú, yo y el aire somos el mismo y único ser. Lo único que nos diferencia es que tú te ves como algo diferente a mí y yo te veo como algo diferente a mí. Pero eso es solo un estado de confusión de la mente, que, como sabemos, es bastante limitada e incapaz de ver la verdad como es. Recordamos el *San Do Kai* del zen, del que hablamos en el Libro 2, capítulo 2.

La sensación de ser alguien independiente, autónomo, desvinculado de todo los demás, diferente o ajeno, parece ser falsa y tiene su origen en la capacidad limitada que tiene la mente del yo de percibir la realidad. No nos cansamos de repetirlo. Probablemente, la mente del yo se equivoca cuando uno percibe al otro como otro y percibe al resto del mundo como entidades diferentes. Es muy posible que la mente se equivoque cuando no es capaz de percibir que lo que llama «tú» y el resto del mundo son en realidad un único ser. Seguramente se equivoca cuando construye el mundo a través de su capacidad limitada de percepción. Y yerra cuando «ve» objetos donde realmente solo hay frecuencias, energía vibrando en diferentes frecuencias. Intuimos que el cerebro capta esas frecuencias mediante las sinapsis, que es justo en ese mismo instante, el que tiene lugar cuando un impulso atraviesa una neurona y salta a la siguiente, en el espacio sináptico o interneuronal, en el propio salto, en el vacío, cuando el cerebro capta la vibración y la transforma, mediante un cálculo matemático, en algo tangible, en objetos físicos.

Cada célula del cuerpo y del cerebro tiende a permanecer unida. Es asombroso pensar que el cuerpo no se disgrega, no se deshace en millones de células por todo el universo. Esas fuerzas de unión, esos enlaces, covalentes y de otro tipo, hacen que las células permanezcan unidas. ¿Pero por qué? ¿Qué ocurriría si pudiéramos desunirnos, si pudiéramos hacer que cada célula del cuerpo se separase del resto, si pudiéramos desintegrarnos a nivel atómico? ¿En qué nos convertiríamos? ¿Es eso lo que llamamos «muerte»? ¿Y a nivel subatómico? ¿Existe esa integración o unidad también a nivel subatómico? ¿O acaso, a nivel subatómico, ya estamos perfectamente desintegrados como seres vivos considerados como humanos y estamos perfectamente integrados a nivel cósmico?

Son todas ellas preguntas que quizá algún día tendrán respuesta. Pero, recordemos, el camino es no entendiendo. No intentamos hallar respuestas, pretendemos generar dudas, romper con el convencionalismo.

La desintegración del pensamiento

Aparentemente, el cerebro tridimensional solo puede percibir estructuras tridimensionales. Sin embargo, la conciencia también puede captar «objetos» amorfos, inmateriales, intangibles, como son el pensamiento, las emociones, la compasión, el amor, el odio o el miedo.

En línea con lo anterior, lo que sí parece que es posible de entender es la capacidad que tiene la mente de desintegrarse atómicamente, al menos al nivel del pensamiento. La mente del yo parece ser capaz de entender que la conciencia no es material y que, por tanto, no se atiene necesariamente a las leyes de la física clásica. Parece capaz de entender que la conciencia podría, con el aprendizaje adecuado o con las modificaciones oportunas, trascender esta noción que tiene de este espacio y de este tiempo. Intuitivamente comprendemos que la conciencia pueda escapar de los límites físicos del cerebro y del cráneo y viajar sin límites por el universo. De alguna manera, sabemos que podemos conectar —de una forma que no alcanzamos a comprender— con otras conciencias, que nos sentimos unidos a otras personas de una manera que no podemos explicar recurriendo solo a la física o a la química. Intuimos que podríamos trascender este binomio espacio temporal si alguien nos dijera cómo hacerlo. Resulta curioso reparar en que, de alguna manera, no renunciamos a fundirnos con los demás y con la totalidad del camino. Esto parece ser algo que deseamos hacer, pero que, sencillamente, no sabemos cómo hacer.

Non intelligens.

Pompas de amor cósmicas

La mente del yo piensa que, en un primer momento eterno, todo el cosmos existía concentrado en un único punto de energía hiperconcentrada de conciencia pura. En un instante, el punto decidió expandirse o quizá tuvo que hacerlo o simplemente no pudo evitarlo, creando el cosmos. La mente del yo piensa que toda esa energía era conciencia pura que al expandirse generó la vibración que creó el tiempo y el espacio. La mente del yo cree que cada átomo creado, cada partícula subatómica existente hoy, está hecha de la misma energía única vibratoria que era y es conciencia pura y que, como tal, es creadora de vida a la vez que es la misma vida creada. La mente del yo cree que esa conciencia pura se creó a sí misma y que actualmente se experimenta a sí misma, captando cada vibración y transmitiéndola a todo el cosmos. Cree que la conciencia pura es como una pompa de jabón que al expandirse se va transformando en una esfera cada vez más fina, más amplia, donde cada partícula contiene la información completa de toda la esfera. Es como la idea del holograma, ya expresada por varios autores.[2]

---

2   Como es lógico, y ya se vino diciendo en diferentes lugares, este no es un libro técnico de materia alguna, pero sí hay que aportar alguna pincelada que dé idea de por dónde circula nuestra imaginación y el porqué de algún pequeño relato. En este caso, la imagen, más de aliento poético que científico, de esas pompas tiene detrás la teoría —esta sí, científica, y quizá no del todo bien entendida por quien esto escribe— de que el universo podría ser un gigantesco holograma. Resumiendo muchísimo, y seguramente muy mal, el estudio de los agujeros negros, cuyo horizonte de sucesos se supone impenetrable, llevó a plantear la posibilidad de «introducirse» teóricamente en estos desde nuestras dos dimensiones espacio-tiempo. Esta hipótesis del universo holográfico, que aparece en los años noventa del siglo pasado, sugiere que toda la información creada por nuestra realidad está contenida en una superficie de dos dimensiones. En los hologramas clásicos, de hecho, la información en tres dimensiones está codificada en dos. Aplicado a la exploración científica, la dualidad holográfica sugiere que la gravedad y la teoría de las partículas

La mente del yo piensa que la formación de la pompa tiene una capacidad máxima de expansión y que luego volverá a concentrarse de alguna manera. Asimismo, cree que cuando la pompa alcance su límite máximo es posible que, o bien explote en millones de partículas que volverán a unirse con el tiempo entre ellas o incluso con pedacitos de otras pompas que hubieran estallado anteriormente, formando eventualmente una nueva pompa más diversa que la original, o bien volverá a concentrarse en un único punto ultracondensado, pero enriquecido con la nueva información que ha obtenido durante los procesos de expansión y contracción.

La mente del yo imagina a lo incomprensible como a un niño jugando a hacer pompas de jabón cósmicas con el ingrediente primigenio de la conciencia pura que es el amor, lanzando al vacío pompas de amor puro, que laten como un corazón creando toda la vida con cada latido.

---

son conciliables: lo que sucede matemáticamente en la teoría de la gravedad, sucede también en la teoría de las partículas, y viceversa. Resumiendo, insisto, mucho, si llevamos esto a los agujeros negros, se sugeriría que existe en ellos la gravedad (tridimensional), pero las partículas elementales conviven en él en 2D, como en un disco plano. En estas están algunas investigaciones recientes que, de ser exitosas, además de aportar claridad a la naturaleza de los agujeros negros, quizá podrían confirmar también la vieja idea de que vivimos en un universo holográfico. Gracias al periodista E. Martínez de la Fe, a quien glosamos en parte.

Así, lo que la mente del yo llama «realidad» no es más que un producto suyo, porque dicha mente es un calculador matemático que genera hipótesis que concuerdan con los datos que le llegan a través de los cinco sentidos. Esa información sesgada, incompleta y a menudo errónea es computada por la mente limitada, condicionada y primitiva del yo para dar a luz un pensamiento que solo puede ser equivocado y que nada o poco tiene que ver con la realidad última. De modo que la mente vive una mentira. Aunque desde este estado de conciencia parece más real que la auténtica realidad. La mente del yo es, en cierto modo, una esquizofrénica que se cree su propia paranoia, sus delirios. A veces, de hecho, se asfixia al darse cuenta de la mentira a la que llama vida y en la que se encuentra sumergida y sin esperanzas de salir.

Aun así, tratamos de cerrar los ojos, no escuchar nada, no sentir nada y conectar la propia esencia con el silencio original. Y, a veces, creemos lograrlo. Sobre todo, cuando nos dejamos llevar por la intuición y lo inexplicable, por la magia. Ahí, donde no entendemos nada, donde nada tiene sentido y donde, sin embargo, se es feliz, ahí es donde quizá radique la verdad última. Porque ese parece ser el único reducto que aún no ha sido contaminado por la mente del yo. Porque la verdad parece estar construida de felicidad, de amor. Porque el ingrediente único con el que se forman las pompas de jabón cósmico, según hemos sido capaces de intuir, es el amor. ¿Acaso no deberíamos llamarlas pompas de amor cósmicas? ¿Acaso eso tenga alguna relación con lo incomprensible?

En este punto, conviene detenerse una vez más y quizá intentar evitar que la mente del yo empiece a pensar sobre lo que acabamos de expresar, porque enseguida va a corromperlo intentando darle sentido, sometiéndolo a todo tipo de pruebas, falseando las posibles hipótesis. Si de verdad queremos entendernos a nosotros mismos, lo único que podemos intentar hacer en este momento es reconocer la infinita e inexplicable complejidad, el misterio del camino, y a la vez reconocer nuestra simple y pura sencillez. La mente intuye que somos, aunque no lo sepamos, amor manifiesto, el reflejo de la vida en una pompa de amor. En uno mismo está todo el amor del camino, solo que todo este amor no nos pertenece, no es de nuestra propiedad. Es más bien una cualidad. El amor del camino se apelotona en uno para poder ser irradiado en forma de energía por esta dimensión, iluminando y reenergizando allí donde más falta hace, un allí que, en realidad, también es un aquí. Lo complicado, por no decir imposible, es comprenderlo. Lo natural, cuando hay verdadera salud, es hacerlo, dejarse hacer. No podemos comprenderlo, no puede comprenderse, somos sencillamente lo que somos: amor, amor universal, amor cósmico. Y podemos llegar a sentirlo, sentir la conexión, ayudándonos de la meditación, de la música, del baile, cantando, saltando, riendo, siendo amor, rindiéndonos al amor en silencio.

Respirar. Pedir ayuda. No estamos solos.

La materia es el vacío

> El espacio vacío tiene toda esta energía y [...] la materia es un ligero incremento de energía, y, por consiguiente, la materia es como un pequeño rizo en este océano tremendo de energía, con cierta estabilidad relativa, y que es manifiesto.
>
> BOHM

Vamos a transitar en las siguientes líneas por un trayecto que, somos conscientes, aunque ya se ha apuntado en páginas precedentes, puede desafiar cierta lógica, según la cual sentimos que la materia, lo matérico, lo palpable nos lleva a la idea de plenitud, de «algo lleno», en tanto que lo inmaterial —si nos olvidamos, claro, de cuestiones intelectuales— nos puede llevar intuitivamente a la idea de vaciamiento, oquedad, vacuidad. Sin embargo, según lo entiendo en el contexto en el que estamos intentando establecer nuestro relato, quizá eso que denominamos «materia» sea realmente el hueco, el vacío. La mente del yo piensa que la vibración única es inmaterial en su origen y que solo cuando pierde su esencia se convierte en materia. La materia es, para la mente del yo, una especie de error, o un defecto de la energía única vibratoria. Cree, pues, que la energía única vibratoria pura no se manifiesta en materia y que donde hay materia no hay energía vibrando con su verdadera pureza.

La energía única vibratoria sería, por tanto, conciencia de amor. La materia sería la forma manifiesta de esa energía que ha perdido su pureza. Sobre la base de ese razonamiento, nada de lo que es material es puro, por muy bello que pueda parecer. Por eso, cuanto más se aferra nuestra conciencia a la vida material, más impura se vuelve. De ahí la importancia del desapego, de la pobreza, del desprendimiento y sus formas más puras: el amor, la compasión, la generosidad. Tampoco le hagamos mucho caso a la mente del yo.

No entendiendo.

Donde únicamente hay materia, no hay amor.

La materia por sí misma es la ausencia de amor. El amor es inmaterial y eterno.

Es imposible llegar a comprender, desde la mente del yo, lo que es. El pensamiento solo puede profundizar hasta un punto. A partir de ahí, para seguir yendo más allá, solo cabe quedarse quieto y confiar en que lo que es pasará a través de uno o en que la experiencia de lo que es será sentida por uno y el camino seguirá desvelándose. Y si eso ocurre, será inexplicable, incomprensible e inefable.

¿A quién le interesa la salvación de la humanidad?

Uno no puede ser totalmente feliz mientras los demás no lo sean.

La mente del yo cree que Jesús es la conciencia universal de la humanidad que se hizo manifiesto en un momento dado para recordarnos que somos uno solo con el camino, que la salvación solo ocurrirá cuando todos comprendamos que somos el otro y que el otro somos nosotros. Y cuando comprendamos que solo nos salvaremos cuando volvamos a vibrar en amor, a vibrar en la fuerza de lo incomprensible. La mente del yo seguramente está equivocada.

No entendiendo.

«Lo manifiesto [...] es el resultado de lo no manifiesto», afirmaba Bohm.

¿Y si el cerebro estuviera enfermo, si hubiera sido invadido por células cancerígenas que contaminan el pensamiento? O quizá sea más correcto decir que es el pensamiento tóxico el que está corrompiendo el cerebro, impidiéndole conectar con la intuición y, por tanto, cumplir con la que la mente cree que sería su función primordial: unirse con la conciencia universal de la humanidad.

No entendiendo.

Materia y conciencia

La mente del yo cree que lo incomprensible es todo el espacio infinito en un tiempo infinito y a la vez es vacío y atemporal. Cree que lo incomprensible es el infinito y eterno vacío y todo lo que surge de él. Y que la materia, al contrario de lo que creemos, no es lo que se crea, es lo que se destruye. Por eso acaba siempre desintegrándose.

Cree que la materia parece ser un estado vibracional muy bajo, incluso una aberración del orden cósmico, que en este momento es percibida por la mente del yo como falta de divinidad. Aunque nada debería, aparentemente, estar falto de divinidad. Cree que desde la materia parece inconcebible llegar a comprender lo que es lo incomprensible, porque lo incomprensible parece ser fundamentalmente inmaterial. La materia, así, parece ser una jaula y la verdadera liberación sería quedar libre de la materia y de todas las relaciones materiales, su trascendencia. La trascendencia de la conciencia del yo, que es la conciencia de lo material, de separación, de individualidad.

La conciencia es una linterna que parece iluminar hasta un punto, a partir del cual solo podemos seguir profundizando con una conciencia más potente.

La materia parece funcionar como un contenedor de la conciencia. Como un dispositivo de almacenaje de esta, pero no solo de almacenaje, también de expresión de la conciencia, al menos de la conciencia superficial.

La humanidad podría verse como el proceso de transformar la materia en conciencia. Por lo tanto, nos estaríamos convirtiendo en conciencia. ¿Sería entonces así como trascenderíamos la conciencia del yo?

Los fenómenos materiales son transformados en energía mental y, eventualmente, en conciencia. A su vez, la conciencia transforma los fenómenos materiales. En el fondo, los fenómenos materiales serían el producto residual de la conciencia, quien a su vez los depuraría y reciclaría para darles una nueva vida (no material). En ese caso, todo lo que percibimos como material no sería más que la basura o los residuos de la acción de la energía única vibratoria y la función de la existencia humana sería reciclar esa basura cósmica y volver a transformarla en conciencia, no ayudar a crear más basura en forma de materia.

Es posible que la conciencia necesite de la materia, ya sea para evolucionar, para extenderse, para reproducirse o para trascenderse. Puede que la materia sea la cáscara del huevo que alberga como un ser vivo a la conciencia. Que si el 74 % de toda la energía del universo es energía oscura y el 26 % restante es materia, de la cual el 22 % es materia oscura y tan solo el 4 % es la materia de la que se componen todas las estrellas, los planetas y las galaxias, cabe pensar que el 4 % de algo, por muy importante que nos parezca, no deja de ser algo residual.

¿Es posible que los agujeros negros sean núcleos que están transformando la materia en conciencia pura? ¿Es posible que la conciencia de la humanidad alcance algún día un estado de conciencia más profunda que pueda llegar, como los agujeros negros, a absorber toda la materia que tiene a su alrededor y la transforme en conciencia pura?

¿Queremos trascender? ¿Hemos probado alguna vez a, por ejemplo, escuchar música que nos eleve y nos haga vibrar con ella, sin pensar?

En cada nivel, lo incomprensible se expresa armoniosamente: piedra, árbol, águila, Einstein, Jesucristo...Ya lo dijimos, pero nos parece bueno repetirlo.

«La vida emerge a través de, pero no desde la materia» (Wilber).

El camino es incomprensible y la mente del yo sigue intentando encontrarle sentido. Por muchas intelectualizaciones que uno haga, el camino no va a ser nunca más claro ni más evidente. Seguramente al contrario, cuanto más sigamos empleando la mente del yo para intentar entender más, más desconectados vamos a estar de todo lo que es.

No entendiendo.

Conciencia y la mente

El ego es memoria, ya lo vimos.

Los recuerdos le agitan como las olas agitan la arena de la playa. Ola tras ola, la arena de la mente egoica es agitada, revolcada, erosionada. No hay serenidad en la playa de la mente egoica, que recuerda un momento en el que el mar era como un plato, la agitación se detuvo y era paz. Pero el recuerdo de ese instante de paz es ahora una ola que la azota inmisericordemente.

La conciencia es tan vasta como el mar, pero la mente del yo, desde su limitada capacidad, nunca llega a las profundidades abisales, donde solo percibe oscuridad. Prefiere quedarse en la superficie, donde se mezclan las olas de pensamientos con la aparente realidad del mundo.

De la superficie del mar hacia arriba habita la vida que la mente del yo percibe como «material», el lugar donde ha encontrado su casa y juega con lo que se encuentra. De la superficie del mar hacia abajo habitan la sabiduría, la eternidad, el infinito, lo desconocido, lo inefable, lo inexplicable. Cuanto más profundo, más oscuro lo percibe la mente del yo. Y de la misma manera que una polilla es atraída por la luz de una bombilla, esa mente es atraída por la luz del sol, ignorando que la conciencia es más clara en las profundidades, donde la eternidad, el infinito y lo inexplicable son paz, son uno.

La comprensión no reside en la mente del yo, aunque se valga de esta última para hacerse patente en el mundo físico-psicológico. Probablemente, no existe la mente del yo, pero sí existe la idea de la mente del yo. Y dicha idea entra en conflicto con la comprensión, entendida como «energía que no reside en la mente del yo».

La comprensión de la no existencia de la mente es opuesta a la comprensión que tiene la mente del yo de sí misma, es decir, de la idea de la mente como «órgano o elemento donde reside la capacidad de comprensión».

Espiritualidad es un sentido más de cada uno. Si no se utiliza, seguramente acabe atrofiándose.

Si la verdadera comprensión no reside en la mente del yo, puesto que la mente del yo no reside en ningún lugar concreto —ya que ni tan siquiera existe—, cabe pensar que la comprensión no tiene límites, siendo, por tanto, infinita y eterna, universal y cósmica y, paradójicamente, incomprensible para la mente del yo.

¿Somos comprensión sin forma, estado ni definición, meras sondas intergalácticas e interdimensionales que en cada mundo que visitamos adoptamos la forma y las cualidades de la criatura que posee una mayor capacidad de comprensión? ¿Acaso la experiencia en esos mundos nutre la comprensión total y, a su vez, nutre a los seres de esos mundos aumentando su capacidad de comprensión? Seguramente no, pero desde este estado de comprensión la mente del yo busca razones para su existencia. Sigue intelectualizando.

Pasado el dolor y pasado el tiempo, sigue doliendo el recuerdo. ¿Dónde está almacenado ese dolor que aún se recuerda? La mente del yo imagina, recrea y reproduce ese dolor que ya no es real. El dolor ahora existe únicamente a nivel mental y uno se identifica con él. Decimos: «Me duele». Y traemos una y otra vez a la conciencia el recuerdo de aquel dolor mental vivido hace tiempo. El dolor es entonces conciencia de dolor, no dolor real. Puede ser conciencia de abandono, de soledad, de insuficiencia, de fracaso, de culpa. También puede haber un estado inconsciente de esos sentimientos. Ya sea consciente o inconsciente es conciencia. Y la mente del yo se identifica con esa conciencia y dice ser esa conciencia de dolor.

La mente del yo dice: «Yo soy la conciencia». Y, sin embargo, la conciencia parece no pertenecer a nadie, la conciencia es conciencia, aunque no haya una mente egoica para experimentarla.

La mente del yo dice: «Yo soy conciencia». Pero la verdad parece ser: «Hay conciencia». Hay conciencia que se hace consciente en la mente del yo, hay conciencia que es inconsciente para la mente del yo, hay conciencia sin mente del yo y hay mente del yo sin conciencia. O no.

No somos la mente del yo, a pesar de que ella cree que sí.

De la experiencia nace la comprensión, no al revés.

El camino sigue con sus altibajos.

Respirar. Pedir ayuda. No estamos solos.

Biología y mente

«Me gusta mucho esa persona». ¿A quién le gusta mucho? Existe un pensamiento de que existe un alguien, un yo, a quien le gusta otro alguien, otro yo. Ciertas células vibran de una manera que generan una sensación de bienestar cuando existe ese pensamiento. Un pensamiento parece generar una respuesta celular. Caminamos por senderos transitados, pero la conciencia no es la que era.

Biología y mente interaccionan

¿Cómo interaccionan biología y mente? ¿Cuál es el medio a través del cual interaccionan? ¿Es quizá la conciencia de biología y la conciencia de la mente? ¿Es la conciencia el estado en el que ambas se encuentran o se reconocen? Eso implicaría que la biología tiene conciencia de su existencia, al igual que la mente. Eso implicaría también que cada célula tiene conciencia de su existencia. Eso implicaría que la conciencia del ser humano no reside únicamente en las células de su cerebro. El cerebro sería quien procesa la conciencia de cada célula y la sintetiza en la idea del yo, no siendo capaz de comprender la conciencia que existe en cada célula del ser humano.

El cuerpo humano tiene cerca de cuarenta mil millones de células. Se trataría del mismo número de conciencias por cada ser humano. El procesamiento por parte del cerebro de todas y cada una de esas células parece permitir la generación de una conciencia compartida que la mente reconoce como el yo. Si eso fuera realmente así, la verdadera comprensión de lo que es se escaparía completamente a la limitada capacidad de procesamiento de la mente superficial. Existirían, en ese caso, infinitos estados de conciencia, mezcla de cada conciencia celular individual con una o más células, y de todas las combinaciones posibles entre esos cuarenta mil millones de células.

Reconocemos la muerte del cuerpo como la muerte de sus células, que según esta línea de pensamiento, llevaría también al cese de la conciencia de esas células particulares. Pero la conciencia parece no cesar, la conciencia parece poder experimentar la vida a través de otras células o de otras entidades biológicas y no biológicas que ni conocemos. La conciencia parece ser eterna y omnipresente.

Non intelligens.

Sueños sobre la materia

Hay estados que permiten comprender otros estados.

Entrar en estados más profundos de conciencia es como dibujar constantemente un círculo sobre un tejido elástico que se va expandiendo en todas las direcciones, dando como resultado el dibujo de una espiral infinita con un centro infinito al que nunca se puede llegar mientras la conciencia, el tejido elástico, siga expandiéndose.

Recuerdo el sueño donde vi ciudades de cristales de cuarzo donde habitan seres de luz que están creando modelos virtuales de materia. Generan materia y le otorgan diferentes niveles de conciencia para aprender sobre cómo sería un mundo real de materia. La energía le otorga conciencia a la materia, pero la materia olvida de dónde procede la conciencia.

La materia cree que la conciencia es suya e ignora que la conciencia es prestada por la energía.

El dolor y el sufrimiento que experimenta la materia no es real, es pura simulación. No existe realmente ninguna materia experimentando ningún dolor. La energía está siempre ahí, a nuestro alcance, dispuesta a responder a nuestras preguntas. La energía, como la mente que llamamos humana, no sabe si se creó antes la materia o la energía. Los seres de luz del sueño creen que la materia puede ser anterior a la energía, y por eso intentan comprenderla. Hay seres de luz reunidos en círculos creando estrellas de materia. Por eso quieren aprender todo lo que puedan sobre la materia. Lo contamos ya en el libro 4, capítulo 8

No entendiendo.

Realizaciones

A falta de amor, conciencia.

La conciencia está al margen de la materia, ¿pero puede ser sin la materia? Esta permite, aparentemente y en ciertas circunstancias, la existencia de la conciencia.

¿Conciencia de materia, materia de conciencia?

La conciencia universal en un grano de arroz, en un cubo de agua.

¿Puede existir la materia al margen de la conciencia?

Cada átomo tiene conciencia.

Ser testigo de la existencia siendo la existencia misma. Eso es la conciencia.

Somos conciencia. O quizá ni eso.

No sabemos si puede haber forma sin conciencia. Es decir, no sabemos si la conciencia crea la forma y la materia o si quizá estas existan, en ocasiones, sin conciencia, y en ese caso la conciencia «únicamente» las ilumine.

Nuestra opinión sobre cualquier tema solo demuestra nuestro nivel de conciencia. La opinión sobre cualquier cosa solo demuestra nuestro nivel de conciencia. Nuestra opinión sobre nosotros mismos solo demuestra nuestro nivel de conciencia. Nuestra opinión sobre la soledad solo demuestra nuestro nivel de conciencia.

La conciencia actual de la humanidad corresponde a la de un grupo de niños jugando en el patio del colegio. No hemos llegado ni a la adolescencia. Imaginamos que ciertas conciencias algo más profundas tienen que estar entre asustadas y divertidas con este comportamiento tan inconsciente.

A veces, la mente del yo no puede más con su ego, aunque últimamente cada día le parece más infantil y más gracioso. Otros días, nos dejaríamos ir cuanto antes.

El árbol es consciente de que es un árbol cuando uno lo ve como árbol.

La empatía consiste en conectar con la conciencia del otro, mientras que la mente egocéntrica tan solo piensa en cómo afecta o es afectada por el otro.

¿Acaso uno se ha enviado a sí mismo a esta dimensión para ser como es y, a la vez, ser testigo de cómo es ser de esta manera? Seguramente no. Desde la conciencia del yo te reconoces como las sensaciones que sientes, eres las sensaciones, su recuerdo, mientras que desde la conciencia del no-yo seguramente no hay identificación con esas sensaciones, uno no es las sensaciones, aunque sea conciencia de ellas.

Todos estamos unidos en conciencia, existe una única conciencia. O eso cree uno.

Desde este estado actual de conciencia, la verdad parece simple y vasta. Somos conciencia en transformación y conciencia de la transformación.

Todas las ciencias son las lenguas que conoce la mente del yo para intentar comunicarse con el universo. La mente del yo se comunica con el universo material mediante el lenguaje científico, mientras que la esencia se comunica con lo incomprensible mediante el lenguaje de la intuición. Si la mente se enfada, podemos probar a observarla, a observar su enfado e intentar no identificarnos con el enfado. No es fácil.

Somos lo que sentimos. Conciencia, entre otras cosas, de los sentimientos y pensamientos de la mente del yo, pero no somos la mente del yo.

Tan solo la conciencia parece estar siempre presente. Todo lo demás sería efímero. La conciencia parece ser infinitamente más importante que la idea del yo. Aunque la valoración, la importancia, sea solo una idea del yo.

La conciencia permea el mundo material. Es un viaje a la oscuridad para desentrañar sus misterios.

Y nos damos cuenta de que no tiene la capacidad de lograr que otras mentes tengan nuestro mismo nivel de conciencia ni de alcanzar el nivel que tienen otros. A veces, eso nos asusta y otras veces nos parece que es como tiene que ser.

La conciencia es un portal para más conciencia. Conciencia y vida, ¿son diferentes? ¿Son lo mismo? ¿Y si resulta que la conciencia no quiere ser comprendida ni aceptada y solo quiere ser conciencia? Aunque no sepamos lo que eso significa.

La conciencia es un asteroide interdimensional. O no.

No entendiendo.

3. Compasión

Hay canciones, como, por ejemplo, *On the nature of Daylight,* de Max Richter, que son más uno que uno mismo. Cualquiera que conecte con esa composición puede perfectamente estar sintiendo a uno.

Si hay ego, no hay libertad, verdad, humildad, amor ni compasión. Cuando vivimos a través del ego y desde el ego, no vivimos en libertad, no vivimos en verdad, no vivimos en humildad, no vivimos en amor y no vivimos en compasión. Ni vivimos ni somos nada de ello.

Cuando vivimos a través y desde el ego, no somos libertad, no somos verdad, no somos humildad, no somos amor y no somos compasión. No nos cansamos de repetirlo.

La mente del yo es perfectamente consciente, en ciertas ocasiones, de que vive completamente encarcelada en el ego. Y se da cuenta casi a cada instante de que vive dentro del ego, controlada por el ego, anulada por el ego, limitada por el ego, sumisa y esclava del ego dominante, maltratada y oprimida por él, odiada, aislada, juzgada y víctima del ego, o, como mínimo, condicionada por él.

El trauma relacional nace desde el ego.

La verdadera zona T,[3] como la denominan algunos autores, es el estado de conciencia en el que la mente trasciende el ego, en el que esta no está contaminada por el ego. Uno puede experimentar instantes de misticismo, pero esos instantes son inmediatamente capturados por el ego y transformados en nuevas formas de ego.

El recuerdo de esos instantes místicos son nuevas formas de ego.

Recordamos lo que dijimos:

Uno no necesita que lo quieran, pero el ego sí.

Uno no siente ningún abandono, pero el ego sí.

Uno no siente ningún rechazo, pero el ego sí.

Uno no sufre, pero el ego sí.

El ego necesita alimento constante, y el alimento del ego es la acumulación de experiencias, cosas, pensamientos, emociones y todo aquello que le per-

---

3 Aquí lo estamos usando de una forma libre, pero conviene poner en antecedentes. En psicoterapia, algunos autores se refieren a la espiritualidad o zona T (trascendente) del paciente, dentro del contexto de las víctimas de una experiencia traumática, en las que se refuerzan o afloran experiencias espirituales o místicas, en una suerte de trance disociativo que, reconducido de forma adecuada, puede ayudar a la recuperación de las personas que han sufrido el trauma. Así lo afirma, por ejemplo, Iñaki Piñuel, psicólogo y ensayista, que lleva décadas dedicado a la recuperación de quienes sufren acoso psicológico, traumas y abusos... y al estudio y la descripción de estos. Antes de la generalización del término inglés *mobbing*, ya había publicado más de un libro sobre el entonces casi recién tipificado hostigamiento o acoso laboral, por ejemplo.

mita perpetuarse. Uno antes sufría porque pensaba que era uno el que no estaba bien. Ahora sufre porque se da cuenta de que son los otros los que no están bien. Esperamos poder aceptar que no estar bien esté también bien. Esperamos no sufrir. Pero mientras haya ego, habrá sufrimiento. Seguimos juzgando. No puede haber un ego en paz.

Y un día la mente se da cuenta de que en el fondo del vacío en el que a veces caía estaba uno mismo mirándose con amor y con compasión, abrazándose en silencio.

La mente piensa que Jesús, con su sacrificio y con su ejemplo, salvó «la humanidad», no «a la humanidad».

Todo el mundo parece buscar un abrazo. Buscamos el abrazo de los demás porque no somos capaces de abrazarnos a nosotros mismos.

El ser maduro da, mientras que el ser inmaduro espera recibir.

Los adultos han perdido la ternura.

Uno siente que tiene roto el corazón y, a pesar de ello, o quizá por ello, a veces uno siente amor infinito y verdadera compasión por uno mismo.

A mí me han roto el corazón una y mil veces, y aun así sigo creyendo en el amor que surge entre dos seres humanos. Me han dejado una y mil veces, y pese a todo sigo confiando en que el amor encontrará una vez más la manera de expresarse a través de mí. Seguramente nunca nadie me ha roto nada, porque ya hemos dicho que nada nos pertenece. Es tan solo una forma de hablar.

La humanidad en uno te comprende, pero tú no acabas de comprender la humanidad en ti. El yo es limitado y siente compasión por sí mismo y por aquello con lo que se identifica. La esencia es ilimitada y siente compasión por igual por todos los seres sintientes, sin identificarse con ninguno de ellos, sin preferencia por uno sobre los otros.

La compasión de la esencia es universal, mientras que la compasión del yo es limitada a sus intereses y a su limitada comprensión. Es posible que compasión y amor sean las formas más cercanas o aproximadas que tiene la materia para la unidad de la energía. ¿Será por eso por lo que la materia disfruta y goza con el amor y la compasión porque le recuerdan a la energía de la que proviene?

Hay días en los que no podemos. Días en los que caemos y nada nos detiene. ¿Ni tan siquiera la compasión? Dentro de nosotros hay una fuente infinita de amor y de compasión. ¿Conectamos?

La mente del yo vio a ciertas personas maltratar en ocasiones a aquellos a los que se supone que deberían haber amado. La mente del yo no justifica aquel comportamiento, pero puede llegar a comprender su origen: el ego.

El abrazo que más necesitaba uno se lo dio a sí mismo. Desde entonces no ha vuelto a sentirse solo nunca. O casi nunca.

Lo incomprensible es amor profundo por todo y por todos, por la vida como es. Además, a veces uno siente verdadera compasión por aquellos que sufren. Muchas otras veces, uno no se deja hacer y vibra en sufrimiento.

Por otro lado, existe una falsa amabilidad disfrazada de compasión o de amor. Es bueno discernir. Cada momento de malestar es una oportunidad para romper con el ciclo aprendido de sentirse amenazado por el mundo y conectar con el amor propio y la compasión. Y también es duro, porque el ego impide vivir a través del no-ego, volviendo a caer en ese bucle de autodestrucción.

La compasión es un don, un regalo, una bendición.

¡Gracias!

Bienaventurados aquellos que pueden sentir compasión en toda su profundidad.

Nos gustaría ser amados, o al menos ser recibidos con comprensión y respeto. Cuando eso no ocurre, comprendemos y respetamos y, con compasión, tomamos distancia.

Es bueno distinguir si es verdadera compasión o es el yo sintiendo lástima por sí mismo, discernir qué es qué.

Al perdonaros nos perdonamos. Al amaros, nos amamos.

La compasión solo es verdadera cuando es anónima para el yo. Cuando este no obtiene ningún beneficio, directo ni indirecto.

A veces, a la mente del yo le da la sensación de que están conviviendo en este plano espacio temporal dos realidades diferentes. Una que tiene su centro y su origen en el ego, y la otra, al margen del ego, que convive con la primera, sin dejarse intimidar ni contaminar, pero sin dejar también de sentir una profunda compasión por lo que está percibiendo.

Respirar. Pedir ayuda. No estamos solos.

4. Amor

Uno no puede escribir una sola palabra que explique la
profundidad, la eternidad ni la infinita belleza del amor,
pero puede escribir libros enteros sobre la idea de amor
y sobre las personas que ha amado, sobre las cosas que
ha hecho por amor y, sobre todo, sobre aquello que no es
amor ni tiene absolutamente nada que ver con el amor.
En el no-amor es en lo único que uno parece destacar.

En ese sentido, atreverse a escribir sobre aquello a lo que llamamos «amor» es seguramente
más un acto de ignorancia que de falta de humildad.
Disculpas. Para este tema uno se atreve a remitir al
lector, por ejemplo, a los numerosos poetas que han
poblado y pueblan estas tierras. A pesar de ello, por
algún motivo que uno aún desconoce, se ve impul-
sado a dejar testimonio de las siguientes realizaciones que pueden o no tener algún tipo de relación
con el amor.

Somos amor

Las emociones pueden ser placenteras o no serlo,
estar dirigidas hacia uno mismo o hacia los demás.
La mente del yo cree que las emociones placenteras y dirigidas hacia los demás, como el amor y la
compasión, están hechas de la misma energía que
la energía del camino. Y que esa energía crea, armo-

niza y ordena. La mente del yo cree que el resto de emociones son fruto de un cerebro dañado, de una mente egoica y enferma o perturbada, que destruye, desequilibra y genera caos.

En todo lo que uno hace hay algo implícito, que uno no percibe conscientemente, algo que obedece a un propósito que solo se puede intuir. Desde este estado de conciencia, uno no puede ver la amplitud ni la profundidad de aquello que reconoce como su existencia actual. Y, sin embargo, de alguna manera, uno sabe que lo incomprensible actúa a través de uno, que su fuerza se expresa y fluye en uno, y que si bien uno no entiende la razón por la que vive, el hecho es que vive y que la presencia de uno en esta dimensión parece ser necesaria para que se cumplan los designios de lo incomprensible. Eso lo sabe uno, o al menos lo intuye, y el resto se lo deja uno a lo incomprensible.

No entendemos nada, no sabemos nada, pero algo «nos dice» que el camino no es la suma de sus partes y que, si bien pueden existir ciertas partículas elementales, el camino es mucho más que la disposición más o menos ordenada de esas partículas sin vida aparente. Tenemos la sensación de que formamos parte de un ser vivo infinitamente más complejo de lo que podamos imaginar. Que somos como células de un ser formidable que tiene vida propia, que es la propia vida; que somos como neuronas de una inteligencia cósmica infinita y que de nosotros depende, en este espacio y este tiempo, que la energía del amor y de la compasión fluyan de un punto al otro del universo.

Canalizamos y magnificamos el flujo universal de la energía única vibratoria, o eso creemos. El amor nos recorre como la energía cerebral recorre las neuronas, eso lo sabemos. Cuando estamos en paz y en armonía, la energía única vibratoria fluye a través de cada uno de nosotros, formando chispas, chispas de amor, que creemos que son la energía de la que está construida el camino.

Las realizaciones de la mente viajan por todo el camino, llegan a todos sus rincones, producen emociones en forma de energía en aquellos seres sintientes que habitan otros mundos paralelos, afectan al equilibrio cósmico y permiten que el amor se propague y perdure. De esa forma, nos volvemos amor, nos transformamos en amor, nos convertimos en amor e inundamos el universo de amor. No somos conscientes de nuestra trascendencia, no nos damos cuenta de que somos piezas esenciales de este rompecabezas al que llamamos el camino.

La mente del yo cree que conciencia podría ser el sustrato del que nacerá la materia que a su vez creará mundos por todo el universo. Por eso parece natural que permanezcamos en paz, porque nuestra paz repercute a su vez en todo el universo. Podríamos decir, para intentar entendernos, que uno de nosotros es responsable del equivalente a una galaxia entera y que, cuando estamos en paz, toda la galaxia y todos los seres que allí habitan sienten la misma paz. Cuanto más profundizamos en la conciencia, más nos expandimos y más lejos y con más fuerza llegamos. «Nuestra» paz es la paz del universo. Conectar con la paz del universo, alinearnos con ella, vivir en armonía es la manera que tenemos, desde este estado de conciencia, de cumplir con lo que podría ser «nuestro» propósito, aunque sabemos que no existe tal cosa como un propósito para la vida.

Lo incomprensible es amor y nosotros somos sus hijos. Estamos destinados a descubrir en esta vida el amor puro con el que lo incomprensible nos creó y así volver al origen.

Es hora de amar, reír, bailar y agradecer que se nos haya revelado el misterio del camino.

Podemos intentar no aferrarnos a ninguna idea, excepto, quizá, a esa según la cual somos amor, nuestra naturaleza es amor y lo natural es sentir amor. Cualquier otra idea, miedo, angustia, deseo... es probablemente fruto del deterioro de la mente del yo. Podemos intentar cultivar el amor, los pensamientos de amor, las acciones de amor, las palabras de amor. Encontrar la paz en uno. Al amarnos, amamos al mundo y ese amor viaja por todo el universo nutriendo galaxias enteras.

Uno puede intentar probar a amarse en cualquier circunstancia, en cualquier lugar y situación. Puede llegar a sentir cómo su propio amor nutre todo el ser y trasciende el cuerpo y la mente del yo, cómo el amor por uno mismo, cuando es verdadero, se expande por todo el camino sanando a su paso a todo y a todos. Y puede llegar a sentir que uno es una explosión de amor y cómo las ondas expansivas llegan a cada rincón del camino.

Non soli sumus.

Diversidad y totalidad

El amor implica el reconocimiento, la comprensión y la promoción desinteresada de la diversidad, comprendiendo a su vez que la diversidad surge desde un estado de conciencia de individualización y de descomunión que no es real.

La política actual es la acción de ahondar en las diferencias para después igualarnos a todos en esas diferencias. Su fin último es acabar con la diversidad en aras de un supuesto bien común superior sin alcanzar a comprender ese estado de conciencia de unidad total en el que las diferencias desaparecen y en su lugar aparece la totalidad.

Respirar. Pedir ayuda. No estamos solos.

Cuando uno se ama

Amarse es amar el camino, es un acto de gratitud. Cuando uno se ama de verdad, incondicionalmente, las dimensiones se superponen y se alinean como cuadrículas, formándose puertas y portales que permiten que pasemos de una dimensión a otra. El amor hacia uno mismo es el reconocimiento del amor de lo incomprensible hacia nosotros. Es nuestra herencia, nuestro derecho de nacimiento, nuestro don. Amándose, uno ama a lo incomprensible y lo incomprensible nos ama. Somos uno con lo incomprensible. Permitimos que lo incomprensible fluya a través de nosotros y que toda esa energía se canalice y llegue allí donde encuentra mayor resistencia, allí donde más falta hace.

Al abrirse al amor se abren todos los chacras y la fuerza del amor, la fuerza de lo incomprensible, el arcángel Gabriel llega a todas partes. Uno no es consciente del alcance de amarse lo suficiente. Cuando uno se ama, reconoce sus dolores y cómo se originaron, perdona y se perdona, abraza y se abraza, ayuda y se ayuda, cuida y se cuida, da y recibe, nutre y es nutrido. Las dimensiones que escapan a la razón se alinean y la fuerza sanadora y nutritiva del amor fluye entre ellas, curando heridas, alimentando la esencia.

Cuando uno se ama, se abre un portal interdimensional por el que penetra en nuestro mundo el amor con el que lo incomprensible creó el universo. Al amarse, uno permite que lo incomprensible llegue a cada ser humano y a cada ser sintiente. Nuestra esencia condensa toda la fuerza del amor puro de lo incomprensible. Amándose, se libera toda esa energía ilimitada para que llegue también a todos los demás y los libere del yo. El amor por uno puede transformar el mundo y lo transforma. Cuando uno se ama, el amor conecta con la esencia de los demás, provocando en ellos un proceso similar de amor por sí mismos. Amándose, se inicia una reacción en cadena. Cuando nos amamos, desencadenamos una explosión de amor interdimensional capaz de crear galaxias enteras y universos infinitos.

Comprender el proceso

Al igual que la flor es perfecta en su creación, en su belleza y en su funcionalidad mientras cumple con su ciclo de vida, cabe pensar que el hombre también es igualmente perfecto y también cumple con su ciclo de vida. Durante todo el proceso, lo incomprensible nos ama, nos acompaña y nos quiere felices, a las flores y a los hombres.

Somos pompas de jabón llenas de amor en su interior. Necesitamos explotar, trascender el yo para que el amor que contenemos salga fuera y se mezcle con todo lo demás.

Más verbo y menos sujeto.

Más hacer y menos ser.

Durante este proceso podemos llegar a enamorarnos de la esencia.

El camino es incomprensible. Gratitud.

El pensamiento no es la vida

Volvemos al mismo sendero.

¿Percibimos, quizá, algo ligeramente diferente?

La mente encuentra armonía cuando el pensamiento se aproxima a la verdad. Sin embargo, el condicionamiento nos aleja de esa armonía.

Únicamente podemos conocer desde el conocimiento propio.

Todo lo que trasciende escapa al pensamiento, que es una cárcel de barrotes invisibles. No parece existir nada más limitante, injusto y falso que el pensamiento.

Lo incomprensible es impensable. Vamos a lo incomprensible solo sin pensamiento. La vida no mana del pensamiento, no necesita de él. Lo incomprensible no necesita ser pensado.

No entendiendo.

Amar es sin juzgar

Y en este sendero por el que ya habíamos transitado anteriormente, ¿percibimos algo diferente?

Como ya se dijo en alguna otra ocasión, juzgar a los demás o a uno mismo es un defecto de la mente del yo. Cuando juzguemos, podemos intentar recordar que esa acción es un mal funcionamiento de la mente del yo, que se empeña en juzgar como una manera de dar por finalizada la situación que se le plantea. Lo hace por economía, por no invertir más tiempo en intentar comprender.

Juzgar es cerrar en falso un asunto que requiere mayor comprensión, es lo opuesto a comprender. Todo juicio es una fragmentación del todo, es un encasillamiento del otro.

Juzgar es lo opuesto a amar. Y nos hace infelices. Los supuestos opuestos otra vez.

Respirar. Pedir ayuda. No estamos solos.

Ni tú ni yo

Y en este sendero también transitado, ¿notamos algún cambio a cuando lo recorrimos por primera vez?

No puede haber un «tú y yo», porque no hay ni una cosa ni la otra.

Echar algo de menos es la sensación de haber desconectado de lo incomprensible. Cuanto más nos atrapa el yo, más intenso es el sentimiento de echar de menos. Solo trascendiendo el yo dejaremos de echarnos de menos, que no es más que una carencia de amor propio.

El ego cree que si se olvida de ti morirá. Y es cierto, el ego muere, pero uno se transforma, trasciende y renace más libre. Podemos probar a dejar que el ego se vaya, que muera y que con su partida uno sea más libre.

El camino nunca es lineal. Respirar.

La desesperación de la mente del yo

La mente del yo entra en conversación con el ego y en un momento de desesperación se dirige a él en los siguientes términos:

Muere, ego, muere ya, déjame ser libre.
Necesito que mueras para volver a nacer.
Acepta tu sacrificio y muere para salvarnos.

No te aferres a la vida, acepta tu muerte.

Tu muerte es la puerta a una nueva vida.

No tengas miedo.

No luches más.

No tienes nada que temer.

Abraza la muerte.

Muere y serás eterno.

Si quieres vivir, muere.

Respirar. Pedir ayuda. No estamos solos.

Ira como súplica de amor

Todo enfado y toda ira proceden del ego que no quiere morir, que no quiere cambiar, transformarse ni trascender.

Cuando la mente del yo grita o insulta o falta al respeto, es el ego el que lo está haciendo, y lo hace para que lo abraces, porque tiene miedo y necesita amor y compasión. Si en ese momento no podemos sentir amor ni compasión, al menos podemos intentar entender el verdadero significado del mensaje y no sentirnos molestos ni ofendidos. Sé que no es fácil responder así, pero creo que merece la pena.

La mente del yo piensa que el ego no existe más que en la imaginación. Y que la idea de «tú» también existe únicamente en la imaginación. Piensa que «tú y yo» son solo delirios de una mente enferma, que el pensamiento de «ti», el pensamiento de «mí» y el pensamiento de «tú y yo», es la creación delirante de una mente dañada. Lo hemos dicho varias veces ya.

La mente del yo cree que recuperará la salud el día que no recuerde quién eres «tú» ni quién es «yo». Cree que el recuerdo de «ti» es un bucle de delirios que solo existe a nivel cuántico en las sinapsis de una mente enferma.

El camino es un misterio que a la mente del yo le gustaría descifrar para poder contárselo a aquellas otras mentes a las que identifica como hijas y al resto del mundo. Lo único que uno es capaz de transmitirles es que el camino es un misterio y que, aparentemente, va a seguir siéndolo.

Amor es fuerza eterna.

Antes de acabar este apartado que, casi sin querer, se ha llenado de pronombres, no puedo dejar de comentar un par de escenas de una película —sí, nuestras referencias, como ya se ha visto, no son solo literarias— donde, a propósito o no, se ponen sobre la mesa un buen número de cuestiones sobre las que llevamos tiempo hablando. En ella, el protagonista afirma: «Tal vez todos los hombres posean una misma alma, de la que todos formamos parte. Todos los rostros son el mismo hombre, un gran ser».[4] Poco después, añade: «Como un ascua separada de la hoguera», refiriéndose a cada uno de sus compañeros, en un plano visualmente muy podero-

---

4 *La delgada línea roja*, título original *The Thin Red Line*. Director: Terrence Malick, 1998.

so. Algunos minutos más tarde, otro personaje, ante un montón de «enemigos» muertos o moribundos, afirma: «¿Qué sois para mí? Nada». Ahí tenemos conviviendo de forma bruta la desidentificación y la identificación, el ego, el apego, el desapego, el no-yo, el ser parte divisible o parte del todo...

Pero continuemos.

La mente del yo tuvo en un momento dado el siguiente pensamiento sobre su existencia y propósito, a pesar de que ya hemos comentado varias veces que la vida es «sin propósito»:

> Yo vine a este mundo en son de paz, no vine a involucrarme en guerras ni en disputas estériles. Vine a transmitir un mensaje de amor y de paz. En algún momento olvidé mi propósito y me volví como vosotros, fui partícipe de vuestra locura y de vuestro odio. Gracias a lo incomprensible, me he dado cuenta de mis desvaríos y estoy recordando quién era y a qué vine. Espero poder cumplir con el propósito que me encomendaron. Espero poder haceros ver y entender que la paz es un estado interior que llevamos todos dentro. Que nada ni nadie puede quitarnos la paz. La paz es nuestro don y nuestra herencia. Que la paz sea con todos nosotros.

Arrogancia espiritual.

Uno solo puede encontrar en el mundo externo lo que haya encontrado primero en el mundo interior. Intentamos encontrar a lo incomprensible con el instrumento sesgado de la inteligencia. Pero lo incomprensible no puede ser comprendido. Solo podemos sentirlo.

No entendiendo.

Estado cuántico

Si en el estado cuántico un sistema solo mantiene una completa autonomía cuando no está siendo observado (según afirma Bohm), y la conciencia funciona en ese estado cuántico, cabe plantearse que la propia observación por nuestra mente de nuestra conciencia la altera —a la conciencia— uniéndose ahora ambos campos en uno solo: el estado conciencia-pensamiento.

Dicha interacción permite la existencia real de las potencialidades del sistema observado, a expensas de otras que no pueden hacerse reales al mismo tiempo —continuamos citando a Bohm—, es decir, «se opera una proyección».

La mente del yo se pregunta si el pensamiento se proyecta en la conciencia o si es la conciencia la que se proyecta en el pensamiento, o quizá ambas se proyectan mutuamente. ¿Y la esencia? ¿Qué papel desempeña la esencia?

Entender no nos acerca a lo incomprensible.

Lo que es, es.

El camino es el que es.

Non intelligens.

¿Acomodación o asimilación?

Siguiendo a Piaget y su noción sobre percepción inteligente, la mente del yo observa que tiende más a «acomodar» que a «asimilar». La teoría se acomoda a los hechos en lugar de basarse en los hechos. Forzamos la teoría para acomodarla a lo sucedido.

Las teorías, todas ellas, incluso las teorías que explican las leyes de la física clásica, son producidas por la mente humana. La mente del yo modifica la teoría hasta que esta se acomoda a los hechos. Solo cuando la teoría no puede forzarse más, se desecha. En esos momentos, surge una nueva, que de nuevo se acomoda a los hechos, y así sucesivamente. Las teorías son fruto de la mente del yo, la cual está normalmente, aunque no de forma natural, controlada por el ego. El ego es un desorden de la mente del yo, un pensamiento erróneo, una distorsión de la verdad. No nos cansamos de repetirlo.

Solo una mente libre está libre de ego.

Esa es la aspiración de la mente del yo, liberarse del ego. El ego genera todo tipo de teorías, retorciendo los hechos para acomodarlos a la teoría o modificando la teoría para acomodarla a los hechos.

Ver la verdad supone prescindir del ego, que es un generador de hipótesis incansable e intenta falsear cualquier hipótesis que implique que realmente él mismo no existe. Por eso podemos decir, desde la cordura, que ninguno de nosotros realmente existe, o al menos no existimos como el ego quiere hacernos creer.

Existimos al margen del ego. En un nivel de conciencia más profundo del que puede entender el ego.

Trascender el ego implica desprenderse de él. El ego se aferra a lo que conoce y no quiere desaparecer. Para trascender el ego hay que expandirse, abrirse, fusionarse, integrarse, transformarse, permitir convertirse en todo lo que es.

Amor y compasión son los enemigos del ego y los amigos de la paz de lo incomprensible.

Amar sin límite. Solo así seremos libres.

Amor. Gratitud. No entendiendo.

Non intelligens

Para que exista un espacio tridimensional, la materia tendría que ser estática. Un espacio tridimensional es como una fotografía de la realidad, pero en tres dimensiones.

La supuesta realidad es n-dimensional. Los sentidos pueden percibir más allá de las tres dimensiones, pero el cerebro solo puede procesar en tres dimensiones. Para experimentar la cuarta y demás dimensiones, habría que hacer un *bypass* al cerebro del yo y conectar con la intuición.

La tridimensionalidad es una restricción de la mente del yo. Ya lo dijimos.

Vivimos en una n-dimensionalidad, pero el cerebro solo es capaz de presentar lo que ocurre en las tres primeras, de la misma manera que una fotografía solo es capaz de presentar la realidad en dos dimensiones. Para trascender las tres dimensiones, no nos podemos basar ni en la razón ni en la experiencia. Por eso resulta tan complicado trascender. Es contraintuitivo, porque hay que desaprender todo y desprenderse de todo lo conocido. Supone un salto al vacío, pero sin el movimiento de saltar y sin un vacío donde saltar. No hay salto ni vacío. Lo vimos en su momento. Y la mente del yo desconoce si podemos hacerlo sin la ayuda de lo incomprensible. Porque no es tanto un salto al vacío como un desintegrarse conscientemente. Supone un ejercicio de no existencia, de expansión sin cuerpo, de traslación sin espacio, de eternidad sin tiempo. Es un no estar estando en todo, un no ser siéndolo todo, un existir no existiendo, un vivir no viviendo, un estar no estando, un ser no siendo, un morir no muriendo. Solo lo incomprensible puede obrar en nosotros esta unión con todo y esta desunión de todo. Así cobran sentido las palabras de Juan de la Cruz y las de Teresa de Ávila. Curiosamente tuve, recientemente, la oportunidad de visitar las reliquias de la santa fuera de su sepulcro —que llevaba cientos de años cerrado bajo diez llaves— en Alba de Tormes Las sincronicidades me llevaron otro día a aparcar justo delante del convento donde descansa san Juan de la Cruz. Y un buen día también me llevaron ante el Santo Sepulcro de Jesucristo en Jerusalén. He acabado, en muchas otras ocasiones, sin haberlo buscado, de forma completamente casual y por todo el mundo, delante de los sepulcros de otros seres humanos que han sido manifestaciones de amor puro. Gracias a cada uno de ellos por lo que considero que ha sido, en todos los casos, una «invitación» para visitarles y para honrarles. De alguna manera, he escuchado su llamada. Su vida sigue viva, su obra sigue en pie y su amor es eterno. Que Dios nos tenga en su gloria.

Lo único que uno sabe positivamente es que lo incomprensible nos ama, que es amor y que nosotros somos amor de lo incomprensible.

Amar es compartir. Cuando uno excluye al otro no está compartiendo, no está amando.

«Ni esto, ni aquello» *(neti, neti)*.

No entendiendo.

Abstracciones

Desde el punto de vista de la materia, no existe ninguna partícula que sea ajena, separada ni independiente. Solo existe un todo no fragmentado y no dividido. La idea de «partícula» es una abstracción.

Todo tipo de observación es una abstracción.

Una película se compone de fotogramas y una canción de notas. Es la presentación de estos fotogramas y de notas en una secuencia y frecuencia dada lo que le confiere la sensación de movimiento y de fluidez. Esa secuencia y frecuencia se corresponde con la capacidad de procesamiento del cerebro. Si el cerebro procesara a otra velocidad diferente, no veríamos una película ni escucharíamos una canción.

Respirar.

Ser amado

Uno es su propio hogar.

Uno ama y es feliz amando. Amar a otro es un don que no necesita ser correspondido, porque no existe uno ni otro. El amor no necesita ser correspondido, porque solo el ego busca ser amado.

Cuando uno ama incondicionalmente, no espera ser amado. Uno es amor si se ama de verdad. Es amor también cuando se siente amado.

El ego rechaza cuando es rechazado. Por el contrario, el amor ama incluso cuando es rechazado.

El ego necesita ser visto y reconocido. El amor ve y conoce.

La esencia ama. El ego quiere ser amado.

El amor permite que el amor se dé, que ocurra.

Ser amado por el otro no depende de uno, depende de si el otro es capaz de amar o no.

Lo que uno ofrece está limitado por aquello que tiene.

Amor propio es sentirse acogido por lo incomprensible, siendo exactamente como uno es en este mismo instante. Necesitamos darnos cuenta de que somos amados incondicionalmente para ser amor y así poder amar. Por eso necesitamos reconocer el amor infinito y transformador de lo incomprensible.

No es necesario saber quién o qué nos ama, únicamente es necesario saber que somos amados. Ser amados es sentir que formamos parte indisoluble de todo aquello que nos rodea. Es percatarse de que los árboles, las hojas caídas en el camino, el aire que acaricia nuestra cara... son uno, y uno es ellos, y compartimos la misma conciencia y estamos hechos del mismo amor. Ser amado es ver que nada nos rodea, porque no hay ningún centro al que rodear, solo hay conciencia de amor.

Ser amado es sonreír.

Hace tiempo que la mente del yo entendió que muchos de aquellos que le habían dicho que la amaban no la habían amado nunca. En ese instante, comprendió que ella tampoco había amado a muchos a los que había dicho amar. Lo más llamativo de este acto de comprensión es que no se sintió mal por ello ni tampoco sola. Observó con curiosidad y desde fuera, casi sin emoción. De hecho, le resultó liberador. Y es que es liberador comprender que nada de lo que le ha ocurrido tiene nada que ver con el amor, sino con su ausencia. Que mientras uno esté en la mente del yo, no podrá ser ese amor.

Es la paradoja de vivir sin amar en un mundo hecho de amor. La mente del yo cree que no amamos y, sin embargo, estamos hechos de amor y vemos el amor en el mundo que nos rodea. Aunque la mente del yo cree que no amamos, el amor penetra en cada célula del organismo, es la estructura de las propias células.

El amor no es algo que se obtenga de los demás, sino que nace en uno mismo. Podemos intentar hablar con amor, mirar con amor, incluso a nosotros mismos. Somos aquello que nos hacemos a nosotros mismos. Podemos cambiar el «cuídate mucho» por un «ojalá la mente del yo pueda darse cuenta de cómo se trata a sí misma».

Amar es alegrarse del bien ajeno. Uno se merece su propio amor. Amar es un acto que se realiza en el presente. Implica olvidar los recuerdos y olvidar el pasado. Solo se ama en el presente. El amor no es acumulativo, no se guarda. El que ama una vez, ama siempre, y si no, no amó entonces tampoco.

Amar es hacer brillar al otro. Es acompañar, escuchar, animar, apoyar, alegrarse del éxito del otro. Es hacer todo eso sin darnos cuenta de que existe ningún otro.

El camino es un camino de amor.

El amor que ya es

Recorremos, una vez más, este mismo sendero.

Lo opuesto al amor es el ego. Donde actúa el ego, no cabe el amor. Amor o ego. Ego disfrazado de amor sigue siendo ego. Los supuestos opuestos otra vez.

La desesperación, el odio, la rabia, el sufrimiento y la ansiedad son hijos del ego. No nos cansamos de repetirlo.

La comprensión, la bondad, la gratitud, la felicidad y la paz son hijas del amor. Donde hay ego, no hay amor. Es el ego quien quiere llegar a ser, el ego quiere ser importante, eterno, aceptado, deseado, amado, satisfecho e incluso salvado, iluminado, santificado y bendecido.

La esencia ya es sin necesidad de ser. Todo deseo nace del ego, toda necesidad surge del ego. Desear trascender el ego es una actividad del propio ego. La esencia ya es, sin deseo ni necesidad.

El amor penetra por donde el ego no lo cree posible.
El amor nutre todo.
El amor es todo.
El amor ya es.
El amor ya es.
El ego solo tiene que descubrirlo, pero no sabe.
El amor ya es, haga lo que haga el ego.
Es un despertar al amor, al amor que ya es.
El amor es eterno.
El ego es efímero.

El conocimiento de uno mismo es el conocimiento del amor que ya es. Descubrir el amor que ya es solo requiere descubrir el amor que ya es en uno.

Ninguna práctica, religión ni método nos acercará al amor eterno que ya es.

Solo la observación de uno mismo desde el amor que ya es nos lleva a descubrir el amor eterno que ya es. El amor que ya es, lo es a pesar del ego, pero no puede hacer nada para detenerlo.

El ego es la ceguera del amor que ya es.

El ego es la no visión del amor que ya es.

El ego es el velo que impide ver el amor que ya es.

El ego es la ilusión de un universo sin amor.

El ego es un estado de locura.

De desconexión de la realidad.

De desconexión de la verdad del amor que ya es.

El amor ya es, pero el ego nos impide darnos cuenta.

El camino es un camino de amor.

El ego no sabe amar

El principal problema del ego es que en su naturaleza no está el amar, no sabe amar, y por eso es imposible lograr que uno sienta amor hacia sí mismo, por mucho que uno se esfuerce o por mucho que consiga aquello que desea. Únicamente desde la conciencia del no-yo se puede experimentar verdadero amor y profunda compasión hacia el ego y hacia lo que es.

El ego separa, el amor une.

Honrar el amor

Uno honra el amor que sintió por uno. Hay reconocimiento, gratitud y amor hacia el amor que un día fue y hacia el amor que siempre es.

Levantarse cada mañana y elegir vivir es la mejor manera que uno tiene de demostrar su amor hacia lo incomprensible, de decirle «te amo». El camino es porque lo incomprensible lo ama a uno y uno ama a lo incomprensible.

El camino es una historia de amor correspondido entre lo incomprensible y uno.

El mejor tributo que uno puede rendir a lo incomprensible es vivir. Si además se hace con alegría, ya hemos comprendido.

Amar es delirar.

El amor solo puede existir en libertad.

Se puede desear a alguien amor de forma completamente anónima.

Lo que aprendí de aquellos que deberían haberme amado y que, sin embargo, conscientemente me utilizaron para satisfacer sus propias carencias es que, si bien el egoísmo es cruel e insaciable, también es completamente impotente cuando uno descubre, conecta y se nutre de su propio amor.

El odio es una emoción originada en el yo. El amor está al margen del yo.

Volver a levantarse es el acto de amor más profundo hacia uno mismo.

El amor se reconoce a sí mismo en otros.

Amar es saber. Saber es amar.

Quien no ama, no comprende.

El amor trasciende la comprensión.

La comprensión es limitada.

El amor es infinito.

Amor en acción.

Tú o amor. Si hay que elegir, ya has elegido.
El camino es un camino de amor.

5. Silencio y quietud

El silencio permite contemplar el florecer del camino a cada instante.

L a mente del yo sigue peleando contra el silencio. Existe un conflicto en ella entre las ganas de experimentar y las ganas de permanecer quieta. Busca estar entretenida, distracción, es decir, busca pensar en algo que no sea ella misma.

A la mente del yo le urge hacer algo. No quiere estar sin hacer nada. Se apremia a hacer cosas.

La verdad se hace patente en el silencio

La palabra espanta a la verdad. Esta se hace presente en el silencio. Podemos probar a permanecer en silencio y ver si de verdad, poco a poco, el ego acaba por desaparecer de la mente del yo y solo queda la verdad.

Silencio, podemos guardar silencio. Escuchar atentamente, mantener los ojos bien abiertos. No decir una palabra. No pensar.

Observar en silencio y quizá así la verdad se revelará ante nuestros ojos.

Agitar el frasco

La mente del yo es la que agita el frasco. El frasco es la verdad, el frasco y su contenido son la vida. El frasco contiene lo que es. Si uno observa su contenido desde diferentes perspectivas, puede darse cuenta del contenido, de lo que es. Si lo cogemos y lo agitamos, su contenido se vuelve turbio y no podemos ver lo que es. Y si lo vaciamos para analizarlo, podemos ver sus componentes, pero estos ya no están en relación unos con otros como estaban antes y lo que vemos ahora ya no es lo que era, es algo diferente.

Si nos examinamos con detenimiento, separando cada parte de nosotros, podemos llegar a ver esas partes que había en nosotros, pero no comprenderemos la relación que antes guardaban unas partes con otras, no podremos ver la verdad de lo que es, nuestra verdad, la verdad de lo que somos.

Para observar el frasco, para poder comprenderlo, no debemos tocarlo ni agitarlo ni transformarlo ni juzgarlo, así podremos ver lo que es tal y como es.

Uno se observa, pero no se analiza. Se observa en silencio y se da cuenta de lo que es. Si algo nos agita, observamos qué lo está haciendo. Siempre es la mente del yo la que nos agita, nunca lo que es. El recuerdo del pasado, querer algo, desear algo, anhelar algo, buscar algo, esperar algo, son actividades de la mente del yo y nos perturban.

Cuando uno no se impone nada, no se impide nada, no se obliga a nada, no espera nada, no desea nada, no recuerda nada, no busca nada, no anhela nada, está en paz. Pero solo hemos estado en paz durante pocos y breves instantes. El resto del tiempo, la mente del yo ha estado agitando el frasco. Cuando nos proponemos dejar de agitar el frasco, solo logramos moverlo más porque la mente del yo se da cuenta de que no lo está consiguiendo.

Cuando la mente del yo consigue detenerse a sí misma a través de alguna práctica para que deje de menear el frasco, lo único que consigue es una parálisis cerebral, no una mente en calma. La mente en calma no está detenida, paralizada ni aislada; está activa, en relación con lo que es.

Tirar del hilo: la agitación

¿Recordamos el sendero que transitamos sobre la agitación? Volvemos a él observando un componente que también estaba ahí, pero que quizá no era tan obvio entonces.

La mente del yo se da cuenta de que pasa de la excitación a la tristeza, de la ilusión a la desesperanza. Se da cuenta de que está agitada y de que esa perturbación genera confusión en sí misma y en todo con lo que se relaciona. Se da cuenta de que se relaciona con lo que es desde la agitación. Desde la agitación solo se puede ver turbiedad y confusión.

La mente del yo se da cuenta de que el camino no es detenerse, sino observar su estado de agitación. Y al darse cuenta de esta, ella sola se calma, sin intervención, por sí misma. Se da cuenta de que no para de moverse, de que pasa de una tarea a otra y de un pensamiento a otro, sin descanso, sin profundizar, sin comprender. Sin detenerse a observarse.

La mente del yo se da cuenta de que no se para, nunca se desconecta de sí misma, está en permanente y constante actividad, no descansa. Y se da cuenta de que pide más y diferentes actividades que la mantengan ocupada, entretenida, en marcha, y de que elige aquellas actividades que la mantienen en movimiento frente a aquellas que la mantienen en calma. Evita estar en calma, escoge no estar en calma. Busca activamente y encuentra algo que la remueva. Le asusta estar en calma. Y es que la mente del yo relaciona estar en calma con estar muerto. Por eso tiene miedo de la calma.

La mente del yo se da cuenta de que activamente huye de la calma porque tiene miedo de encontrarse consigo misma. Se da cuenta de que toda la agitación es un intento de huir de sí misma. Realmente no quiere detenerse a observarse a sí misma. Se da cuenta de que se odia a sí misma, huye de sí misma porque se odia. No quiere estar consigo misma, no se encuentra a gusto.

La mente del yo se da cuenta de que huye de sí misma porque sabe que si vuelve a sí misma va a volver a ser juzgada, criticada, herida, humillada, maltratada y violentada. Se da cuenta de que no quiere mirar hacia atrás y no quiere volver a sí misma. Sabe de la cantidad de energía y de los enormes esfuerzos que hace para no volver a sí misma. Toda esa agitación es una huida de sí. Aunque sabe que esa huida es imposible.

La mente del yo se da cuenta de que cuanto más corre, más se cansa y más rápido se agota, porque no puede alejarse de sí misma. Se da cuenta de que esta huida es la que provoca el cansancio que siente y la agitación que sufre, de que es ella misma la que se pide que huya, que corra cada vez más rápido y más lejos de sí misma, sin detenerse nunca ni mirar hacia atrás. Está huyendo de sí misma de forma consciente e inconsciente, y la idea de estar huyendo de sí misma le perturba. Se da cuenta de que le gustaría no huir de sí misma, pero también de que este pensamiento le genera agitación. La mente del yo se da cuenta de que huye de sí misma y de que el pensamiento de no querer seguir huyendo de sí misma le genera turbación.

¿Paramos? ¿Existe la opción de parar?

Respirar. Pedir ayuda. No estamos solos.

Libros desde el silencio

Experiencia fuerte.
Los inicios.
Alimentar el espíritu.
No entendiendo.

El silencio es amor

Lo incomprensible sabe que, antes o después, encontraremos el camino.

Uno ama en silencio.
Ninguna palabra da cuenta del amor.
Hablarse es distanciarse.
El silencio permite que fluya el amor.
Amar en silencio.
El silencio es amor.

Mantener cualquier expectativa sobre nosotros es fuente de sufrimiento.

Si duele, no es amor. No nos cansamos de repetirlo.

Que el otro se comporte como uno espera es un deseo del ego. Que te decepcione es una consecuencia del ego. Que uno se decepcione a sí mismo es una consecuencia del ego.

El otro es como debe ser.
Uno es como debe ser.
Somos como somos.
Y así está bien.
Distanciarse está bien.
Sentir dolor está bien.

Al permanecer quieto y en silencio no se va apagando la llama, sino que se va calmando el aire que sopla alrededor de ella.

Correr en línea recta es como correr en círculos del yo y solo nos lleva a encontrarnos en el mismo lugar en el que empezamos, ya que la esfericidad de la Tierra es una representación de la esfericidad del todo. Recordamos la cárcel circular del ego.

Podemos probar a permanecer quietos y descubrir que todo girará y girará a nuestro alrededor hasta que nos fusionemos con el todo.

La próxima gran conquista del ser humano será la del silencio. Un mundo donde los únicos ruidos que el ser humano emita sean los de su propia respiración y el sonido de sus pasos al caminar.[5] Entonces estará listo para dejar de existir y simplemente

---

5 Es difícil resistirse a hacer una referencia, en un libro como este donde la música es una fuente de inspiración que está a la misma altura que la ensayística de todo tipo o el arte audiovisual, al compositor John Cage, autor de la célebre *4'33"*, obra en tres movimientos donde solo se escucha el silencio, en la que la única instrucción para el pianista, o cualquier otro intérprete, es que no toque el instrumento durante esos cuatro minutos y treinta y tres segundos. El mismo Cage, obsesionado por la posibilidad del silencio y el vacío, se introdujo en 1951 en una cámara anecoica (una cámara de vacío, resumiendo mucho), pero al salir dijo que sintió dos sonidos, uno más grave y otro más alto. Los ingenieros de la Universidad de Harvard, que es donde estaba la dicha cámara, le dijeron que el grave era su circulación sanguínea, y el más agudo, el «ruido», era el de su sistema nervioso. Llevado a nuestro

ser. Todo movimiento persigue experimentar un estado diferente al actual. Todo movimiento refleja la disconformidad del yo con el momento presente.

En tiempos de tribulación, sentarse con uno mismo en silencio, sin expectativas, es el mejor calmante que existe. Si sientes que nadie te hace caso, que nadie te escucha ni nadie te ama, prueba a sentarte solo, en completa soledad, y hazte el caso que sientes que tienen que hacerte, escucha lo que tienes que decirte y ámate como necesitas ser amado en ese momento. Puedes probar a no levantarte y a no hacer nada hasta que no sientas la más profunda gratitud por la vida que eres. Probablemente, descubrirás entonces que ese es el abrazo que de verdad necesitas. Pruébalo si quieres y, por favor, cuéntanoslo.

Si no te amas, siéntate en soledad y prueba a escucharte. Sentirás compasión. Si te amas, prueba a sentarte en soledad y escúchate. Sentirás gratitud.

Respirar. Pedir ayuda. No estamos solos.

Recuerda

Cuando te sientas solo, recuerda que puedes intentar volver a ti.
Cuando estés mal, recuerda que puedes intentar volver a ti.

---

terreno, desde el yo sería imposible el silencio absoluto, radical, inapelable.

Cuando estés triste, recuerda que puedes intentar volver a ti.

Cuando estés perdido, recuerda que puedes intentar volver a ti.

Cuando no sepas qué hacer, recuerda que puedes intentar volver a ti.

Cuando estés desesperado, recuerda que puedes intentar volver a ti.

Cuando estés herido, recuerda que puedes intentar volver a ti.

Cuando te sientas abandonado, recuerda que puedes intentar volver a ti.

Cuando sientas que nadie te comprende, recuerda que puedes intentar volver a ti.

Recuerda que eres la respuesta que estabas buscando. Que eres el apoyo que crees que necesitas. Eres el amor que sientes que te falta. Las respuestas a todo aquello a lo que uno no habría podido nunca preguntar con la mente se encuentran en silencio. En silencio surge la creación, sin esfuerzo, sin intención, espontáneamente.

En silencio se desvela la verdad.

No entendiendo.

Empatizar no siempre requiere intervenir.

Solo en silencio hay libertad.

La palabra es el presente y silencio es eternidad.

La gran mayoría de los problemas que existen entre las personas se resolverían permaneciendo en silencio hasta que el problema sea olvidado.

Detente y observa cómo la vida se va mostrando. Arrastrados por la corriente, permanecemos en calma, en quietud, inalterables. En la tormenta permanecemos en calma. El silencio es la experiencia más cercana a la verdad última.

Uno nunca para de poner lavadoras, salvo que vaya desnudo. Si tan solo fuéramos capaces de permanecer en silencio durante un único minuto, nos daríamos cuenta de que incluso en los momentos de mayor desesperación, seguimos siendo amor.

El camino es un camino de amor.

6. Paz

Donde hay miedo, no cabe la paz

A veces nos damos cuenta de que vivimos asustados, cabizbajos, achantados, con miedo, con cuidado, con precaución. Que intentamos no molestar ni ofender, pero no por educación y consideración hacia los demás, sino para que no se enfaden y se pongan en nuestra contra. Vivimos igual de asustados que cuando éramos pequeños y vivíamos asustados del padre mental. La mente infantil siempre sintió miedo del padre mental, nos aterrorizaba su agresividad, nos asustaban sus explosiones de violencia, su pérdida de control, su abuso de poder, su maltrato. No todo era maltrato, evidentemente.

La mente del yo intenta no juzgarlo, aunque le cuesta, pero la realidad es que siendo un niño le aterrorizaba enfadarlo y que descargara su ira contra uno, o contra aquellas mentes a las que la mente identifica como hermanos o como madre. Uno pasó toda la infancia, la adolescencia y la juventud aterrorizado por el padre mental. Y hoy en día, uno aún sigue con el miedo en la mente del yo. Es un miedo profundo, arraigado en la médula ósea, infiltrado en las células nerviosas. Un miedo irracional, destructivo y limitante, que pesa como una losa y le impide a uno ser libre y feliz.

A veces, consigo olvidarme de ese miedo de la infancia y durante unos instantes soy feliz. Pero la mayor parte del tiempo la mente del yo sigue teniendo miedo de no ser suficiente, de enfadar a la construcción mental de padre, a la idea de Dios, y que este le castigue a uno por su comportamiento. La idea de la mente del yo de un padre es la de un ser que le castiga a uno por sus acciones. La idea de Dios, al menos a nivel inconsciente, es parecida. Ya lo dijimos. Si la mente profundiza y razona, se da cuenta de que no es así. Ve que no hay un dios castigador, que lo incomprensible es amor. Pero el miedo inconsciente siempre está ahí y siempre nos asusta, nos acobarda y nos oprime.

Hablo, sí, de víctimas, pero no querría que a este respecto se simplificara en exceso, bajo la misma idea general de que hay tantos egos como mentes, tantos como para no poder hacer una descripción general que abarcase a todas (entonces, el libro tendría apenas unas poquitas páginas). En fin, quiero incorporar unos breves apuntes en este apartado sobre las víctimas —bajo el riesgo, que se asume, de resultar controvertido—, ya que estamos hablando de abuso y de maltrato. No hay ninguna duda de que las víctimas lo son y merecen toda la comprensión, el apoyo y la compasión del mundo. Pero una cosa son las víctimas y otra muy diferente el victimismo, y creo que esto merece una mínima reflexión. Y es que también hay «rentistas del victimismo», egos en estado puro, manipuladores de la compasión ajena. Narcisistas malignos. Esa víctima que utiliza el victimismo para manipular e incluso agredir a otras personas, pasa de ser víctima a ser agresora.

A la víctima hay que acompañarla en su proceso de sanación, recordándole que no está sola. Pero, en un momento dado, esa persona necesita hacerse responsable de su vida, abandonar el victimismo —si se ha instalado en él— y encarar el futuro con valentía, amor y compasión. La víctima, si no quiere caer en el pozo del victimismo, del ego «eternamente malherido», necesita ser capaz de perdonar. Si no lo hace, tampoco va a sanar y puede ocurrir que, como hemos visto, caiga en los mullidos brazos del victimismo como herramienta de manipulación. Por eso la generosidad, tan necesaria para poder perdonar, solo se vive en toda su extensión desde el estado de no-yo. Puede que la verdadera generosidad no logre que el mundo sea un lugar mejor, pero, sin duda, te cambiará a ti. Lo mismo ocurre cuando sientes verdadera gratitud.

No hay paz en juzgar

Reiteramos una idea que ya fue dicha en otros capítulos, pero creemos importante reiterar. Uno no se siente mal solamente cuando se siente juzgado, se siente mal también cuando juzga. Juzgar nos aleja de la paz. Y nos pasamos todo el día juzgando.

La mente egoica se pasa las veinticuatro horas juzgando. Y cuanto más juzga a los demás, peor se siente.

La falta de paz procede del hecho de que la mente egoica se pasa todo el tiempo juzgando. Juzgar le quita paz por el hecho de juzgar y por las consecuencias de haber juzgado. Juzgar nos obliga a actuar en consecuencia. Nuestras acciones provienen en su gran mayoría de los juicios previos. Si juzgamos a alguien como inadecuado, molesto, perjudicial, malo, negativo, tóxico o lo que sea, nos sentimos obligados a actuar en consecuencia.

No podemos juzgar a otro como negativo y permanecer inmóviles. Juzgar nos obliga a actuar. Las acciones, dicho de otro modo, derivan de los juicios previos. Por tanto, las acciones derivan de los juicios elaborados por la mente. Estamos inquietos porque la mente egoica no para de juzgar, juzga a diestro y siniestro. Y con el juzgar se acaba la paz.

«Me parece bien, me parece mal, está bien, está mal, me gusta, me disgusta, me cae bien, me cae mal...». Juzgamos y no paramos de juzgar, y con cada juicio que emitimos nos alejamos más y más de la paz y de los demás. La mente es una máquina de juzgar. Básicamente, es lo único que hace.

Carencia	Equilibrio	Exceso
Tristeza	Paz	Euforia
Cansancio	Descanso	Excitación
Recuerdos	Presente	Futuro

Donde hay búsqueda, no hay paz. No nos cansamos de repetirlo.

En el tiempo no hay paz

Tres cosas me alejan de la paz: 1) El pasado a través del inconsciente herido que sangra por la herida del abandono y del rechazo. 2) El presente, que deja de ser presente cuando surge la idea de perder lo que tenemos, ya sea la posición económica, la situación laboral, la casa, los hijos o la salud. Por eso, cuanto más se aleja la mente del momento presente, ya sea mediante el recuerdo del pasado o la idea del futuro, más agitada se encuentra. Realmente es la ausencia de contacto con el presente lo que impide que la mente pueda permanecer en paz. 3) El futuro, que no acaba de resolverse como la mente del yo desea y que nos genera impaciencia y ansiedad.

Unicornio azul

¿Y si la mente del yo estuviera equivocada? ¿Y si lo que piensa sobre aquellas mentes que identifica como padre, madre, ex, los demás, el mundo, uno mismo, Dios, etcétera, fuera mentira? ¿Y si fuera mentira todo lo que la mente del yo piensa, conoce, imagina, comprende?

En el sueño que ya mencionamos anteriormente, alguien decía: «Tú tenías que haber tenido un unicornio azul». El unicornio azul, aparentemente, ya lo dijimos, representa el equilibrio emocional, la paz mental. La mente piensa que lo que se quería transmitir es que uno tenía que haber mantenido ese equilibrio emocional, esa paz mental, porque la mente del yo lleva casi un mes fuera de toda paz, en un estado de desasosiego continuo. Y uno siempre dice que «tu paz es tuya», dando a entender que nada ni nadie puede quitarle a uno la paz. Y, sin embargo, la mente del yo ha perdido ese equilibrio emocional, esa paz mental.

A raíz del sueño de ayer, la mente del yo está reconectando con la paz. Es como si hubiera entendido que debería haber tenido fe, confianza, recordar que lo que ocurre es lo que tiene que ocurrir, que todo obedece a un plan, aunque desconozcamos el plan.

La mente perdió la paz y un sueño se lo ha recordado. ¡Qué fácil es perder la paz y qué fácil es recuperarla! ¡Qué fácil es encadenar semanas y semanas sin paz!

Si vamos más allá, todo lo anterior únicamente tiene sentido desde la conciencia del yo. Desde la conciencia del no-yo, aparentemente, no existen esas perturbaciones, ninguna. La paz no parece pertenece a nadie. Paz es sustantiva.

El camino es un camino de amor y de paz.

El orden natural

Hoy he tenido la sensación, por un momento, de que lo que ocurre no tiene nada que ver con uno, de que ocurre a pesar de uno, sin mí, o sin contar conmigo. De que ocurre porque ocurre, que ya ocurría cuando uno no estaba y de que seguirá ocurriendo cuando uno ya no esté. Ha sido un momento de humildad, de comprender la no importancia en el mundo de mí, de que el mundo es infinitamente más grande, más rico, más eterno de lo que yo pueda pensar. De alguna manera, he podido ver el orden natural del mundo, ese orden por el que ocurren las cosas sin que yo tenga nada que decir ni nada que hacer. Ese orden natural donde si sobra algo, o alguien, es el ego.

Todo sucede sin uno.

Gratitud.

¿Podríamos haber actuado de forma diferente a como lo hicimos?

En este momento, uno se pregunta si podría haber hecho algo de forma diferente. La respuesta que más resuena en la mente del yo es que probablemente no. Sin embargo, si ahora pudiera echar marcha atrás, uno quizá hubiera intentado ser más amoroso, más compasivo, menos egocéntrico, más confiado en el orden natural o el orden divino, más tranquilo, más relajado, más feliz, hubiera querido disfrutar más de la vida y ser menos miedoso, más abierto, menos controlador, más despierto, menos cuadriculado, menos crítico, más comprensivo, más amable, más sereno, más intuitivo. Pero ahí estaba el yo para impedir que eso ocurriera. Y aquí sigue el yo.

Respirar. Pedir ayuda. No estamos solos.

El mundo no es el ego

Y es que llega un día en que uno cree que uno es el mundo, y es posible que uno sea el mundo y el mundo sea uno, pero nada de eso tiene nada que ver con el ego.

El ego no es el mundo ni el mundo es el ego. El mundo y uno son uno, o no, pero lo son al margen y a pesar del ego. Uno no es el ego ni el ego es uno. De hecho, el ego es un impedimento para ver lo que es. No nos cansamos de repetirlo.

Conciencia.

Paz o conflicto

Otra vez el mismo sendero.

Existe conflicto entre lo que es y lo que la mente del yo cree que debería ser.

La mente juzga ese conflicto como algo negativo. No acepta el conflicto. La mente rechaza el conflicto que ella misma ha generado. Donde hay conflicto, no hay paz.

Hablamos de la mente del yo.

Respirar.

Realizaciones

La hostilidad nace del yo.

El verdadero éxito consiste en dejar de buscar este y disfrutar del proceso.

Paz aparece cuando en la dialéctica entre el consciente y el inconsciente ambos reconocen la validez del otro.

El zen parece ser un acto de comprensión del que emana un estado de inmutable calma, de paz.

Nadie ha ganado nunca en paz mental después de haber dañado a propósito a otro ser humano.

Solo hay paz cuando uno abraza la soledad.

La falta de paz procede de la falta de amor propio, de la búsqueda de aprobación en los otros.

La paz mental tiene que ver fundamentalmente con dos cosas: cómo me siento conmigo mismo y cuánto miedo siento acerca de mi idea del futuro.

Encontraremos la paz cuando dejemos de huir de la soledad.

Uno no tiene por qué esperar a que los demás vibren en amor para sentirse en paz. No es responsabilidad de uno su vibración, solo la vibración propia. Al vibrar en amor, se eleva la vibración del universo y, por tanto, la de los otros..., que eres tú. Aun así, uno siente misericordia e impotencia por las bajas vibraciones de todos nosotros. No estamos solos.

Las preocupaciones son como un imán, atraen toda la atención y repelen la paz.

Cuando seamos capaces de sentir la paz de nuestra naturaleza estaremos transformándonos en paz. Naturaleza y paz son sinónimos.

Conciencia.

El que busca no encuentra paz

Volvemos a la cuneta.

El origen de la ansiedad es la búsqueda. El origen de la búsqueda nace de la necesidad de escapar de lo que es. Uno busca ser algo que no es, tener algo que no tiene, lograr algo, conseguir algo. Esa búsqueda origina ansiedad y frustración. La calma llega cuando uno se detiene y deja de buscar. En ese estado emergen paz, felicidad, sabiduría y verdad. La búsqueda nos aleja de la paz. Cuanto más deprisa corremos en busca de la paz, más rápido se aleja esta. No nos cansamos de repetirlo.

Perseguir paz o verdad o felicidad es como perseguir el horizonte. Cuanto más intensamente busca uno la paz, más velozmente se aleja de ella. La paz se encuentra cuando se para de buscar. Lo hemos repetido varias veces ya.

La mente busca sentir algo nuevo, diferente, placentero, que le dé seguridad. Busca aprender para sentirse segura. Busca la sensación de paz, y es precisamente esa búsqueda la que le aleja de la paz.

Valoramos la paz por encima de cualquier otra circunstancia. Al menos, así es a veces.

Son tramos del camino que ya hemos recorrido. El camino nunca es lineal, cuando pensamos que avanzamos, retrocedemos, y al revés.

Respirar. Pedir ayuda. No estamos solos.

El deseo implica la ausencia de paz

Uno se sorprende cuando comprueba cómo pierde la paz cuando hace algo que no desea. La mente del yo comprende la relación que existe entre desear cualquier cosa y perder la paz. El deseo aleja la paz. Y, aun así, la mente del yo ha perdido la paz y comprende que el deseo le gobierna. Comprende que no acepta lo que es.

Se da cuenta de cómo quiere que las cosas sean como ella quiere, y no como realmente son.

El camino es una espiral. ¿Hemos cambiado de plano o seguimos en el que estábamos? Observar.

Paz en silencio

Hablar embrollará las cosas, traerá más confusión y dolor.

El silencio trae claridad. Hablar trae más agitación y enturbia.

El silencio trae calma y claridad. Hablar es una necesidad del ego.

La esencia se comunica en silencio. El ego es quien quiere hablar, discutir, llevar razón, convencer, dominar.

La esencia es, y al ser, y por el hecho de ser, transmite y comunica. Y siendo, comunica, sin tener que decir ni hacer nada más. La esencia no tiene ninguna necesidad de hablar. Su propia existencia ya comunica lo que es.

Su existencia es su mensaje. Su no existencia es su verdad. Ponerle palabras es limitar su mensaje.

La esencia habla en silencio mediante su propia existencia. Ese silencio acalla el ego y permite que la esencia se exprese, detiene el pensamiento y activa la eternidad. Guardar silencio es la virtud de la esencia. Solo quienes guardan silencio se expresan mediante la esencia.

Hablar da vida a juzgar. Sin palabras, el juicio muere. Solo hay paz en el silencio. Hablar es salirse de la paz, hablando nos convertimos en prisioneros de las palabras. En cambio, el silencio destruye la cárcel interior, es la puerta de entrada a la paz.

El silencio es paz. Para meditar, conviene permanecer en silencio con la conciencia bien despierta. En silencio, uno permanece conectado. Solo en silencio se puede conectar con todo.

Hablar es invadir, contaminar, mientras el silencio es puro y es conexión.

No decir nada es un acto de amor profundo. Amar en silencio. Lo único que consigue cualquier palabra dicha es pervertir el amor.

Seguimos en espiral. Intentemos no marearnos. Respirar. Pedir ayuda. No estamos solos.

¿Para qué hablamos?

La represión es falta de comprensión. Todo impulso busca satisfacer una necesidad. La palabra fue creada para atender la angustia.

Hablar es quejarse, es un intento de salir de la propia angustia. Es un modo de que el otro nos rescate de la propia angustia. Es un acto del yo.

Hablar es pintar la realidad a brochazos, con pintura opaca, para que esa realidad pueda ser aceptada por la mente.

Respirar.

Abandonarse al no-yo

Trascender el yo implica abandonarse a uno mismo. Primero, sería bueno intentar abandonar el habla, puesto que el habla, la palabra, fortalecen el yo. Después, abandonar toda posesión, puesto que solo posee el yo. Sin yo, no hay posesión. Finalmente, intentar abandonar todo pensamiento y toda idea, toda creencia.

El pensamiento y las ideas son las creaciones más sutiles del yo, las más difíciles de abandonar, y las creencias son la cristalización del ego.

Abandonar es un acto de comprensión, no necesariamente un acto físico. Uno abandona desde un nivel de profunda comprensión, a un nivel que trasciende el yo, sin forzar, sin buscarlo ni pretenderlo.

Repetimos: cuando hablamos de abandonar el «habla», no nos estamos refiriendo necesariamente a la acción de hablar. Cuando hablamos de abandonar toda posesión, no nos estamos refiriendo necesariamente a abandonar las posesiones físicas. Y cuando hablamos de abandonar el pensamiento, las ideas y las creencias, nos estamos refiriéndonos a las que tienen su origen en el yo.

Seguimos en la espiral.

¿Halla quién busca?

No buscar no implica no hallar. El que busca, halla, pero encuentra aquello que busca, y no necesariamente lo que es. En realidad, el que busca solo halla aquello que ya sabe.

Quizá desde la conciencia del no-yo se puedan encontrar «respuestas» que pertenecen en el plano del no-yo, sin buscarlas.

No entendiendo.

La paz es prioritaria

La prioridad es la paz, todo gira en este momento sobre la paz. Estamos en paz o estamos aprendiendo a estar en paz. Al menos, así es durante un tiempo más o menos breve.

Nos necesitamos unos a otros para vivir en paz. *Non soli sumus.*

La paz mental inhibe las perturbaciones mentales como unos buenos tapones nos aíslan del ruido exterior.

Vivir desde el no-yo es vivir sin miedo.

El no-ego es sin lucha.

El camino es un camino de paz. Recorremos tramos donde no nos damos cuenta de ello. El camino es el que es. Lo recorremos no entendiendo, con gratitud. En espiral.

7. Opuestos

Cosas antagónicas trabajan juntas, aunque
sean nominalmente opuestas.

RUMI, *FIHI MA FIHI*

La contraposición de lo luminoso y bueno, por un lado,
y de lo oscuro y malo, por otro, quedó abandonada
abiertamente a su conflicto en cuanto Cristo representa al
bien sin más, y el opositor de Cristo, el diablo, representa
el mal. Esta oposición es propiamente el verdadero
problema universal, que aún no ha sido resuelto.

JUNG

Lo verdaderamente alto, siempre está abajo. Lo
verdaderamente rápido, siempre va despacio. Lo altamente
sensible es entorpecido. Lo altamente elocuente es mudo.
El flujo y el reflujo son una sola marea. Quien no tiene
guía, tiene el mejor guía. El más grande es siempre el más
pequeño. Todo lo tiene quien todo lo suyo entrega.

MIJAIL NUÁIMA, *EL LIBRO DE MIRDAD*

Uno nunca será completo mientras no abrace
a su supuesto opuesto. Uno siente cierta paz
cuando vive la propia contradicción como algo natural y positivo. Los opuestos solo existen en la mente
del yo.

El camino consiste en ir de lo humano a lo divino y de lo divino a lo humano. Nos sentimos cómodos con luz y con oscuridad.

La mente del yo es una pelota de tenis que es golpeada con fuerza desde el fondo de la pista y no se detiene hasta volver a ser golpeada en dirección contraria desde el lado opuesto. Las fuerzas que la golpean son su idea de conflicto.

La dualidad existe porque existe la idea del yo. El yo se basa en defender una idea, y no su contraria. Fuera del yo no existe la dualidad.

Recuperar la amistad con la paradoja y la contradicción. La coherencia nos limita.

La mente del yo cree que ama y odia, cree que se ama y se odia. No comprende.

Hay paz en no intentar conciliar los opuestos, en no tener que elegir entre dos opuestos.

Hay paz en aceptar los opuestos. Elegir entre dos opuestos le rompe a uno en dos.

No tenemos un papel al margen del océano infinito de sabiduría, porque sencillamente uno no existe al margen de nada ni de nadie.

En la verdadera comprensión son igual de válidas y, probablemente, igual de erróneas una idea y su contraria.

El zen, aparentemente, acepta como válidas por igual la comprensión de la sabiduría y la comprensión de la ignorancia. Somos con nuestra sabiduría y con nuestra ignorancia. Somos ignorantes, somos sabios. Hay ignorancia, hay sabiduría.

No podemos comprender por completo una cosa sin la comprensión de su contraria. No existe una cosa sin su contraria.

La violencia tiene su origen en la idea de que es posible eliminar al opuesto. No existiría el bien si no existiera el mal.

Las tinieblas aún no han comprendido la luz, ni la luz ha comprendido las tinieblas. Somos luz y somos tinieblas. La luz quiere desprenderse de las tinieblas y las tinieblas quieren desprenderse de la luz. Esa es la eterna batalla.

La idea de que somos buenos y de que deberíamos ser buenos entra en conflicto directo con el hecho de que seguramente no deberíamos ser diferentes a como somos.

El zen no surge de un estado de alexitimia[6] ni de un estado de anestesia emocional; más bien al contrario, emerge de un estado de efervescencia emocional que es observada y sentida en toda su plenitud con absoluta calma, de pura contradicción, que no es negada ni tampoco admitida, de absoluta incoherencia que es bienvenida y, a la vez, es rechazada.

Uno es lo uno y lo otro, lo uno y lo opuesto. Y a la vez no es lo uno ni lo opuesto.

Ascender y descender, siempre. Es lo mismo.

---

6   Término usado en el ámbito de la psicología y la psiquiatría: «Incapacidad para reconocer las propias emociones y expresarlas, especialmente de manera verbal», según define el *DRAE*.

La luz y la oscuridad también tienen grados.

No solo de meditar vive el hombre.

Así en la Tierra como en el cielo. Alimentar el ego cuando lo pida y nutrir el espíritu, aunque no lo pida.

Todo está en dependencia de lo otro, pero nada depende de lo otro, porque no hay «lo otro». Eso y lo contrario, y ni eso ni lo contrario.

Non intelligens.

La búsqueda de la seguridad

Volvemos a la cuneta.

La mente del yo siempre busca seguridad. Los motores de la mente del yo son la búsqueda de seguridad por acumulación y la idea de inseguridad por la pérdida.

Acumulación y pérdida van unidas. Seguridad e inseguridad, también, al igual que satisfacción e insatisfacción, conexión y desconexión, paz y guerra. Y van unidas porque unas y otras son producto de la mente del yo, son consecuencias de la existencia del ego, de la idea de la mente del yo según la cual existe el ego.

La contradicción y los supuestos opuestos existen invariablemente juntos, porque son producto de la división y de la clasificación que hace la mente a partir de la creación de la idea del ego. El ego es la génesis, por eso el dolor es inevitable.

Todo tiene su lado complementario.

Solución = soltar, liberar, disminuir la concentración de un cuerpo o sustancia.

Disolución = disolver.

Conciencia.

La esfera pancromática y el vacío eterno

En la realidad, no existen el blanco y el negro como simples opuestos. Ambos, podría decirse, forman parte de la misma esfera en la que el blanco estaría en un polo y el negro en el polo opuesto. Desde cada polo surge un meridiano que recorre toda la escala de grises posibles hasta que llega al polo contrario. Otro meridiano recorre la escala de azules, otro la de rojos, y así hasta la formación de una esfera que contiene todos los colores posibles. La espiritualidad sería entendida como una esfera pancromática donde cada píxel corresponde a un color, pero que no puede ser comprendida sin el resto de los colores.

Pero no basta con imaginar la esfera vista desde su superficie, la espiritualidad profundiza hacia el interior de la esfera, donde también se suceden en un continuo diferentes tonalidades hasta llegar al centro de la esfera, en el que nos encontramos con el vacío eterno.

La superficie de la esfera, con todas las combinaciones de colores posibles, representa la conciencia superficial. Uno puede profundizar en la esfera, atravesando capas de tonalidades, la mayoría de ellas inexplicables para nuestro estado de conciencia actual, hasta llegar a ese vacío eterno e infinito.

Si bien esta aproximación a la espiritualidad puede resultar iluminadora para la mente del yo, la realidad es que todo esfuerzo intelectual acaba alejándonos de la verdadera espiritualidad, que nunca puede ser comprendida, tan solo puede ser experimentada.

Conciliando al Padre con el padre, al Hijo con el hijo y al Espíritu Santo con la esencia; así en la Tierra como en el cielo.

No entendiendo.

En espiral.

Real Madrid CF vs. FC Barcelona

En este dilema, dos devotos muy piadosos, uno seguidor del equipo de fútbol del Real Madrid y el otro del Barça, le piden fervorosamente a Dios que su equipo gane el partido de esta noche. La pregunta que surge es: ¿por qué equipo se decantará Dios? ¿Acaso Dios se alegrará de que gane uno y no el otro? ¿Será Dios madridista o culé? ¿Optará por el empate como forma de conciliación? ¿Le dará a cada uno lo que necesite para su crecimiento? ¿Hará ganar al equipo del piadoso que «de verdad» necesite que su equipo gane? Son miles las preguntas que se pueden hacer, así como miles son las respuestas que se obtendrían dependiendo de a quién se le pregunte.

La verdad es que, aparentemente, ni tan siquiera Dios puede conseguir que ambos equipos ganen ese mismo partido. En apariencia, eso queda fuera del alcance del Dios Todopoderoso. Entonces, ¿cómo solucionarlo? La realidad es que este dilema existe simplemente porque en la mente del que lo plantea existen los conceptos generados de la dualidad, los opuestos y la falta de unidad. Desde la conciencia del yo, este dilema tiene todo el sentido y, según las particulares preferencias del yo, este aceptará unas respuestas como buenas y otras como malas.

Sin embargo, desde la conciencia del no-yo, aparentemente, no existe ninguna supuesta rivalidad, porque simplemente no hay tal dualidad. No hay dos equipos enfrentándose y, por tanto, Dios no tiene que elegir. Asunto resuelto. Dios no elige.

Por otra parte, lamentablemente tampoco podemos esperar que Dios nos ilumine con la verdad de la no-dualidad. Más bien al contrario. Serán aquellas mentes que han alcanzado, aunque sea un atisbo de dicha no-dualidad, las que, desde la conciencia del no-yo, experimentarán la existencia de lo incomprensible en forma de totalidad, de lo absoluto e indivisible, unión y amor. Mientras tanto, que cada yo aguante su vela sin esperar por ello ningún tipo de suerte, ya que Dios no va a repartir suerte. Si acaso, repartirá algo de conciencia.

Hoy, por cierto, ganó el Barça. Tanto el que se alegre como el que no, ya saben dónde están: en el yo. Tanto el madridismo como el barcelonismo son formas de egoísmo y, por tanto, fuente de división, desunión e infelicidad. Y generan infelicidad porque, gane quien gane, incluso si esta noche gana mi equipo, siempre surgirá la duda y el miedo de que en el próximo partido mi equipo pierda. Así pues, unos y otros son fans del mismo equipo: el yo.

8. Vulnerabilidad

La verdadera fortaleza
es poder mostrar la vulnerabilidad.

La humildad surge cuando se comprende totalmente la vulnerabilidad. El narcisismo es la armadura del ego para enfrentarse a la vida. Es una armadura que protege, pero su peso y su rigidez nos hacen perder libertad de movimiento, de ver y de sentir, fluidez. Lo mismo le ocurría a Al con su traje espacial y su escafandra.

Somos libres y no lo sabemos. Ya hemos llegado y no lo sabemos.

Amarse significa darse cuenta de que la seguridad que necesitamos en este momento está dentro de uno mismo, y no fuera; podemos intentar buscar ese abrazo en nuestro interior y encontrarlo.

Reconocemos, comprendemos y estamos en paz con la vulnerabilidad. La fortaleza nace del reconocimiento de la vulnerabilidad.

Cuando se ha sido embestido por la fuerza de lo incomprensible y se ha llorado profundamente al experimentar la pequeñez y la vulnerabilidad del propio ser, queremos que carguen de nuevo sobre nosotros y percibimos el tiempo durante el cual esto no está ocurriendo como una auténtica travesía del desierto. Pero, a pesar de lo árido del camino, sabemos, sentimos, que lo incomprensible camina a nuestro lado, en silencio, pero ahí está. Sabemos que el desierto también es el camino, que el desierto también es uno.

En espiral.

9. Eternidad

Cuando uno se llena de presente, no deja hueco para el pasado ni para el futuro. La vida transcurre en una quietud eterna.

¿Dónde estás, tiempo mío, que no te encuentro?

¿Dónde estás, tiempo mío, que no te encuentro? ¿Dónde te escondes, pasado mío? ¿Estás quizá detrás de mí o a mi izquierda o disimulando debajo de una piedra o esperando detrás de una puerta? No consigo verte. ¿Y tú, futuro mío, dónde estás? ¿Estás ahí cerca, ahí mismo, delante de mí, a mi derecha quizá? Tampoco puedo verte, no consigo sentirte y por más que corra persiguiéndote, nunca te alcanzo. Empiezo a pensar que no existes, que solo eres un espejismo. Que llevas todo el tiempo prometiendo que algún día llegarás, pero que nunca llegas. Y lo mismo contigo, pasado. Te busco y no te encuentro. No puedo hablar contigo, ni escucharte, ni relacionarme contigo. Te pregunto algo y no respondes. Te hablo y no contestas. Te miro y no te veo. Eres un fantasma ¿Un producto de la mente del yo?

Os abandono a los dos, futuro y pasado míos. En realidad, lo que abandono es vuestra búsqueda. Abandono la búsqueda del tiempo. Me rindo, me paro, me detengo. Me quedo aquí, con mi fiel amigo el presente, que siempre está conmigo. Es el único que no me falla. Si le hablo, me contesta. Si le pregunto, me responde. Si le miro, le veo. Lo escucho si presto atención y me devuelve su fragancia cuando procuro olerlo. Si le toco, le siento vivo y en toda su plenitud. Me alegra tenerte y me quedo contigo, presente, me quedo a vivir en ti para siempre, por siempre, es decir, ahora.

¿Dónde empiezas y terminas, conciencia mía, que no veo tus límites? No tengo límites. Soy el camino infinito.

La percepción del yo es solo la imagen que devuelve el espejo. La mente del yo confunde el ser real, que es el camino entero y eterno, con la imagen de una parte del camino, en lo que parece ser un momento concreto y efímero; esta imagen se refleja en el espejo de la conciencia del yo personal. La mente del yo se percibe a sí misma según la imagen que el espejo le devuelve. Confunde la imagen que ve en el espejo con el ser verdadero, cree que solo es la imagen en el espejo.

La imagen que la mente del yo ve de sí misma en el espejo es a la vez ella misma y el ser total mirándose desde el espejo. La imagen de todo lo que se refleja en el espejo es uno y también el propio espejo, su reflejo y todo lo que, aparentemente, hay delante y detrás. No nos cansamos de repetirlo.

Cada libro que leemos es un libro que fue escrito por nosotros para nosotros mismos en este mismo instante. Cada canción que escuchamos ha sido compuesta por uno mismo para mí mismo en este preciso instante.

El camino nunca es lineal. ¿Es, quizá, espiral? Respirar.

Soy el lector y el libro

Para trascender y salir de la cárcel ilusoria generada por la conciencia del yo, no tenemos necesariamente por qué elevarnos. Para trascender el yo que nos ata con sus cadenas, podemos probar a fundirnos con la tierra y con todo lo que es. Pero no hay por qué hacerlo dejando de existir como materia con forma humana, ya que esta materia podría ser tan real como todo lo que somos, aunque en ocasiones hemos dicho que nada de lo material es real. Lo que podemos hacer es abrazar todo lo que es y sentirnos en todo lo que es. Porque somos quienes leemos, pero también el libro que es leído. Somos el escritor y el lector, el editor y el distribuidor. Somos los libros que escribimos y los lectores que lo leen. El libro siendo leído, la lectura, el pensamiento, la materia. Somos el camino completo en este único momento eterno de conciencia.

Uno es el que huele, lo que es olido y el propio olor. Es el acto de oler y las sensaciones que siente al oler, así como los recuerdos evocados, los anhelos que nacen y los olores que no son. Diferentes partes de uno mismo viven cada una de esas experiencias de forma diferente con la apariencia de ser algo separado lo uno de lo otro, y todo uno vive la experiencia completa, única y eterna.

Desde la conciencia del yo, podemos llegar a nuevas realizaciones.

Lo que veo en ti es lo que soy. Si veo tu belleza, estoy viendo mi belleza. Si veo tu maldad, estoy viendo mi maldad. Lo que veo en ti es mi propia proyección, soy yo mismo, soy mi yo. Todo lo negativo que te atribuyo es mi propia negatividad, que no puedo soportar en mí y te traspaso a ti, como una sombra, para sentirme limpio, puro y mejor conmigo mismo. Te odio porque me recuerdas quién soy y de qué soy capaz. Ya lo dijimos. En espiral.

Que no te odie o no vea nada negativo en ti significa que no hay nada que odiar ni nada negativo en mí, con independencia de lo que hubiera o dejara de haber en ti. Porque tú eres mi espejo mientras la mente siga en la conciencia del yo.

Respirar. Pedir ayuda. No estamos solos.

Un microsegundo de eternidad

Durante un microsegundo, he pensado que no tengo que ir a ningún sitio, no tengo que moverme de donde estoy, no tengo que cambiar nada ni hacer nada, y casi se me para el corazón. Durante ese microsegundo se han abierto delante de mí las puertas de la eternidad y he sentido tal paz que he pensado, al volver de allí, que me había muerto. Solo ha sido un microsegundo. No soy capaz de pensar cómo tiene que ser estar siempre así. Qué duda cabe de que durante ese microsegundo el yo se había desconectado de la mente o la mente se había desconectado del yo. Lo aquí expuesto es el recuerdo de la experiencia contado e interpretado por el yo, no la verdadera experiencia.

Nunc stans.

No estamos en el tiempo. Si acaso, aunque probablemente tampoco, sería el tiempo el que está en nosotros. Ya lo dijimos.

Mirar con amor es permitir que todo el camino ocurra en este instante.

La mirada de amor es la eternidad.

Afortunados aquellos que miran con amor.

Compasión, gratitud y fe o, lo que es lo mismo: pasado, presente y futuro.

Ciertas personas y ciertas situaciones producen una impresión duradera en el yo que no tiene que coincidir necesariamente con la realidad del momento. Cuando la huella de esa impresión no coincide con la realidad, se genera una disonancia cognitiva que es experimentada por el yo con dolor, tristeza, rabia, angustia, malestar, traición, vacío, abandono...

Solo existe el continuo eterno. Desde la conciencia del yo queda el recuerdo de la percepción de un instante de ese continuo. El continuo es un ser vivo.

Todo a la vez, todo el tiempo y desde todas partes.[7] Eso y mucho más es totalidad.

Aquí y ahora no se refiere ni a «aquí» ni a «ahora». Son términos que trascienden el tiempo y el espacio. Hay conciencia de la conciencia. Los porqués hablan del pasado, de la programación consciente o inconsciente, tienen su origen allí. Los «para qué» hablan del futuro, de la imaginación y también tienen su origen en la programación.

El camino es un camino con más preguntas que respuestas.

Y un día alguien o algo va y logra que la mente se dé cuenta de que hay un universo infinito dentro de uno. Ese día, la percepción de lo que es cambia de forma radical y comenzamos a vivir entre dos dimensiones, la conocida, la de toda la vida, y la otra, la desconocida, la infinita. Vamos y venimos de la una a la otra sin que nada se pueda hacer para evitarlo ni para cambiarlo. Y, a veces, ocurre que la mente tiene conciencia de las dos dimensiones a la vez, y ahí, en ese instante, uno comprende. Y, al mismo tiempo, hay conciencia de la esencia, de todo

---

7   Permítasenos un pequeño instante de humor, ahora que llegamos al final del relato hablando de cosas muy serias, parafraseando el título de la comedia que arrasó en 2022, aunque en esa película (*Todo al mismo tiempo en todas partes*, título original *Everything Everywhere All at Once*) se recrean las aventuras que desencadenan una ruptura interdimensional con una protagonista envuelta en los mundos infinitos del multiverso para salvar el planeta.

lo que es, ha sido y será, sin tiempo, sin dimensiones, sin identificación con la mente que comprende.

En espiral.

10. Espontaneidad

Citar a otros, como ya hemos visto, no nos convierte en seres más espirituales. Es la mente del yo la que cita a otros para probar su punto. Yo mismo lo hago en estos mismos libros, lo cual es prueba de que están escritos en buena parte —y quizá en su totalidad— desde el yo.

Si Jesús estuviera hoy entre nosotros, dudo que se citara a sí mismo: «Como dije hace dos mil años en Jerusalén...». Uno imagina que Jesús sería un ser espontáneo, creativo y no repetitivo. Quizá uno se equivoca también en esto, como en casi todo lo demás.

Espontaneidad vs. disciplina.

Espontaneidad vs. hábito.

Espontaneidad vs. repetición.

Espontaneidad vs. amoldamiento.

Espontaneidad vs. creencias.

Espontaneidad vs. pensamientos.

Espontaneidad vs. conocimiento.

Espontaneidad vs. práctica.

Espontaneidad vs. fuerza de voluntad.

Espontaneidad vs. destino.

Espontaneidad vs. objetivos.

Espontaneidad vs. logros.

Espontaneidad vs. yo.

Espontaneidad vs. recuerdos.

Espontaneidad vs. importancia.

Espontaneidad como libertad, como creación, como verdad.

Espiritualidad, mística, humildad, gratitud y compasión son espontáneas o no son. O eso parece.

La falta de libertad y la falta de espontaneidad son vividas por el yo con angustia y frustración, aunque sea el propio yo el que impida su realización.

La intuición es *a priori*, mientras que la ciencia es *a posteriori*.

Espontaneidad, honrémosla.

¡Qué inesperado!

El pensamiento es elaborado, mientras que la realización es espontánea.

La bondad, cuando es espontánea, atrae la mirada del universo hacia esta realidad.

11. No existencia

¡**A**leluya! ¡No somos nadie!

Es imposible comprender nada de lo que a continuación se dice, porque nada de lo que se dice a continuación tiene que ver con nada de lo que la mente del yo cree que es. Lo que se afirma en las próximas líneas no está escrito para ser leído, y menos aún comprendido por la mente del yo. Lo que se dice a continuación va en contra de la existencia de la mente del yo y, por tanto, solo va a generar el rechazo y el enfado por esta. La no-existencia no puede ser comprendida ni remotamente desde la existencia. Aun así, vamos con ello.

No-existencia

La búsqueda de un maestro, de una pareja, de una familia, la búsqueda de cualquier persona representa fundamentalmente la búsqueda de compañía y de protección. Responde a la no conformidad con el estado de soledad y de abandono en el que se encuentra el buscador, con la carencia. La esperanza de encontrar a alguien que de alguna manera llene el hueco, el vacío, está, por desgracia, destinada al fracaso. Es una pérdida inmensa de energía, porque nunca vamos a lograr ese objetivo.

El vacío interior y el sentimiento de soledad asociado a él forman parte de la esencia del universo, el primero, y de la condición humana, el segundo. Al ser humano le resulta doloroso, en su mayor parte, abrazar el vacío interno, comprender la existencia de la nada, de la impermanencia, de la no-existencia, del no-ser. El hombre tiene un doble vínculo con lo que es y con lo que no es, con lo que existe y con lo que no existe, con la compañía y con la soledad, con la plenitud y con el vacío. Se percibe como ambas condiciones a la vez sin ser realmente ninguna de ellas. Desde su estado de conciencia actual, está en ambos estados a la vez, aunque no es ninguno de ellos. Es onda y partícula a la vez, y no es ni lo uno ni lo otro.

Esta dualidad existe y no existe, y el ser humano no puede comprenderla. Es incomprensible y ni la razón ni la lógica ni la inteligencia pueden ayudar a comprenderla. La religión en sus diferentes expresiones intenta dar respuesta a ese misterio, pero, por lo general, solo aporta más confusión, más interrogantes y, en ocasiones, más incomprensión, más distancia y más desdicha. El hecho religioso, significando el hecho de fusionar el ser con el no-ser, la existencia con la no-existencia, es un hecho que solo puede experimentarse —si es que fuera posible— desde la experiencia íntima de cada individuo. Ninguna práctica, escuela, dogma ni religión va a poder acercar al ser humano a la verdad. Todo enfoque conocido hasta ahora es un enfoque miope, distorsionado y que solo especula, es decir, ve su propia imagen, la imagen que la mente del yo proyecta. El hecho religioso se da al margen de cualquier intento de organización o de comprensión, de estudio o de difusión. Es un hecho íntimo que requiere únicamente la existencia de uno mismo o, mejor dicho, la no existencia de uno mismo.

Non intelligens.

El radar de la mente del yo

La mente del yo es como un radar que emite ondas que chocan contra un objeto y posteriormente recibe su eco. Pero un radar no sirve para nada cuando es dirigido hacia el infinito. En el infinito no hay objetos contra los que puedan rebotar las ondas y, por tanto, estas se pierden en la inmensa vastedad. Lo mismo ocurre con el pensamiento humano, con las ondas cerebrales, con el mundo de las ideas. El ser humano lanza sus ideas y sus pensamientos al mundo exterior y como únicamente recibe ecos de los objetos que es capaz de pensar, tan solo encuentra sentido en esa distancia. Más allá, en el infinito, las ondas se pierden para siempre y ahí, en ese vacío cósmico, el ser humano se siente realmente diminuto e insignificante. Y en ese vacío infinito, el ser humano se siente solo, desvalido, desprotegido, vulnerable, perdido. El infinito, lo incomprensible —o como queramos llamarlo— es inaccesible para la mente humana. Pero ¿realmente eso es un problema?

No entendiendo.

¿Ascender o descender?

Si existiera tal cosa como la «ascensión», esta sería equivalente a una escalera de miles y millones de peldaños, de infinitos kilómetros. Y si uno se detuviera para ver cuánto ha ascendido, no podría decir con seguridad si realmente está subiendo o bajando. Cualquier intento de la mente del yo de ascender o de conocer el infinito es fútil, es un intento imposible.

El infinito existe más allá de la imaginación, del pensamiento y de los deseos. El infinito «es», a pesar de que la mente del yo ignore lo que es ni lo que representa. Su búsqueda, la búsqueda de lo incomprensible, es una necesidad del ego, de quien busca, del buscador. Existe búsqueda porque existe la idea de un buscador, de un quién, de un alguien. Mientras exista la idea de yo, de alguien, de quién, nunca jamás será posible ni tan siquiera imaginar ese infinito.

No entendiendo.

En espiral.

Lo incomprensible y el vacío

La mente del yo envía constantemente ondas al espacio infinito con la esperanza de que nos sean devueltas, de que alguien o algo responda a la llamada. Son señales de socorro, señales que dicen «por favor, ayudadme. Estoy solo y tengo miedo». La búsqueda de lo incomprensible es una llamada desesperada que ha sido generada por la sensación de vacío, por nuestra profunda soledad. Lo incomprensible es la última esperanza. Y, sin embargo, es inalcanzable, al menos por la mente del yo, por la razón, por el conocimiento o por la búsqueda. Lo incomprensible existe más allá de la búsqueda, fuera de la búsqueda, en la no-búsqueda.

Podemos intentar probar a detenernos en el vacío interior, observar su inmensidad, su infinitud. Esa podría ser la puerta a lo incomprensible, si acaso no es lo incomprensible. ¿Podemos afirmar que lo incomprensible es soledad? Si hubiera algo que pudiera remotamente describir qué es lo incomprensible, quizá esa sería la respuesta. Lo incomprensible es una vacía, sola e infinita vastedad. Una enormidad sin nada ni nadie donde agarrarse. Un estado de pura soledad, de vacío, de no-yo donde, desde el punto de vista del yo, no ocurre nada y, sin embargo, sucede todo. Lo incomprensible es el vacío del yo donde el camino transcurre inconsciente de su vacuidad, pleno.

Miras al cielo, con lágrimas en los ojos y gritas: «Dios, llévame contigo». Pero lo incomprensible no puede hacer eso. No puede salvarnos del vacío que genera el yo, porque lo incomprensible, de ser algo, sería ese vacío del yo del que queremos huir. Y porque cuando huimos de ese vacío, lo único que hacemos es huir de nosotros mismos y de lo incomprensible. Intentar llenar ese vacío con cosas percibidas por la mente del yo como agradables, ya sea en forma de pensamientos gratos o de personas afables, es huir de uno y huir de lo incomprensible, porque este, de existir,[8] no sería agradable ni desagradable. Sería vacío, el mismo vacío del que estamos hechos. Aparentemente somos vacío sin saberlo, somos no-yo. La mente del yo percibe y acumula experiencias y las dota de sentido, creando la idea de un ser humano, de la existencia humana, del yo, del quién. Y ahí empiezan todos los problemas. Ahí, en la idea misma de «existir», se enreda la mente del yo. Ese es su propio laberinto del que es imposible escapar, porque realmente no existe tal laberinto, ni hay nadie ni nada en ese laberinto ni fuera de él.

Somos vacío, pero no nos damos cuenta; la mente del yo no puede comprenderlo.

---

8 Sí, lo sé, en el Libro 2, capítulo 3, afirmamos que «la verdadera revelación es que lo incomprensible existe», aunque ahora se diga más de una vez, de un modo u otro, «si es que existe...». ¿Entramos en contradicción? Sí y no. Allí, hablábamos de la arrogancia espiritual de la mente que busca lo incomprensible, aunque lo haga a su particular manera y sin obviar el yo. Ahora, quizá, damos una vuelta de tuerca a la idea, que en el fondo es la misma, de que no se puede llegar ahí desde el existir del yo, sino, dicho de algún modo, abdicando de esa idea de la existencia. Nuestro propio relato también ha evolucionado con nuevos giros de la espiral.

El mundo, tal y como lo percibe y lo entiende la mente del yo, es una creación suya. Cuando vemos el mundo a nuestro alrededor estamos viendo la propia mente del yo desde dentro. Somos como Neo dentro de la *matrix*.[9] Todo lo que vemos en verdad no existe, la idea de yo tampoco. Nada es. La mente del yo ha creado un mundo imaginario e imposible dentro del vacío. Es como una burbuja de energía mental que flota sola en dicho vacío. Es como una cápsula espacial que flota en el vasto universo. Y que no quiere ni puede comprender que realmente no existe, no es. Es solamente vacío y aún no lo sabe.

Sin embargo, sería comprensible decir: «Pero tiene que haber algo. No puede ser todo pura nada. Tiene que haber algo, aunque sea muy muy lejos». Y es que el yo no puede aceptar la inexistencia.

El yo frente al vacío

La mayor muestra de humildad es darse cuenta de que somos vacío, de que no somos, aunque desde la dimensión espiritual seamos. Es un vacío de yo, pero lleno de no-yo. Inexplicable. Incomprensible.

«Pienso, luego existo» decía el pensador Descartes. Y, sin embargo, eso no parece ser verdad, porque

---

9 La *matrix*, la «matriz», término polisémico en español, pero que aquí se usa, en general, en su aspecto matemático e informático. En este caso, se hace referencia a la célebre película (una saga, en realidad) que muchos conocerán, pero quizá no todo el mundo, titulada *The Matrix*, dirigida por las hermanas Wachowski y estrenada en 1999.

no existe ni tan siquiera el pensador, mucho menos aún existe el pensamiento y, desde luego, no existe la propia existencia, salvo en la mente del yo. Para la existencia es imposible comprender la no-existencia. No la muerte, esta es comprensible para la mente del yo, puesto que es su creación, al igual que lo es la vida. Lo que es incapaz de comprender es la no-existencia, porque la mente del yo únicamente puede comprender aquello que es. Y la esencia, lo incomprensible, o como queramos llamarlo, es no-existencia, vacío, vacuidad, no-yo.

Lo incomprensible nunca jamás va a presentarse en este reino, porque este no es su reino. Este es el reino de la mente del yo, de la fantasía, del ego, de la imaginación, de la naturaleza, de lo material e incluso de lo inmaterial. Y lo incomprensible no pinta nada aquí entre tanta mentira y tanta locura. Lo incomprensible probablemente ni puede ni quiere hacerse presente. Porque toda esta presencia es mentira. Y no es que haya una existencia mejor, es que, quizá, solo existe la no-existencia, un vacío de yo, aunque no comprendamos lo que eso significa.

Desde esta perspectiva, uno puede hacer con su idea de vida lo que quiera, porque todo lo que haga va a ser en vano, al menos a la hora de acercarse a lo incomprensible. Quizá da igual hacer una cosa o la contraria, puesto que nada de lo que hacemos existe, ni tan siquiera nosotros existimos. Quizá da igual si lanzamos cohetes a Marte o robamos a nuestro vecino, porque nada existe. Solo existe en la mente del yo, ese es nuestro infierno, nuestra creación y nuestra locura. Desde este ángulo, hagamos lo que hagamos solo le servirá a la mente del yo para darle sentido a la vida, que no tendría o tiene ningún sentido ni ningún propósito. La vida, tal y como la percibe el yo, solo existe en nuestra imaginación. Y la solución tampoco es la muerte, porque la muerte también es una creación de la mente del yo. Tan solo existe, en nuestro argumentario, la no-existencia, que es algo que nada ni nadie podremos nunca jamás comprender ni descifrar ni vislumbrar. Es un misterio.

Únicamente somos vacío de yo, y como uno quiera llenar el vacío es cosa suya. Podemos querer llenarlo de amor, de gratitud, de vida, de creación, de odio, de rencor, de miedo, de destrucción o de lo que se nos ocurra. Es posible que dé igual, porque en realidad no estaremos haciendo nada real, no estaremos haciendo nada, solamente estaremos llenándolo de más yo. Podemos crear otra burbuja en la mente del yo y creer que ahora somos una burbuja de amor flotando en el vacío, o que vamos a expandirnos, vamos a ascender o a trascender y vamos a llenar el vacío de amor puro; que vamos a ser Buda o el nuevo Mesías y que vamos a salvar a la humanidad. Posiblemente dé igual lo que uno piense, lo que diga o lo que haga. Cualquier esfuerzo va a seguir siendo inútil; solo va a servir para reforzar el ego. ¡Cuántos gurús han existido y existen! ¡Cuántos se han autoproclamado Dios, el Profeta! ¡Cuántos cultos, cuántas sectas, cuánto dolor y cuánta incomprensión! Todo son formas inútiles de intentar llenar el vacío.

Somos como ondas lanzadas al infinito esperando recibir un eco. Y como ese eco nunca llega, uno se lo inventa y empieza a darle forma: yo, él, ella, un árbol, un bosque, los pajaritos, el cielo, la Tierra, el espacio exterior, los extraterrestres, la conciencia individual, la conciencia colectiva, el amor, la compasión, la verdad, Dios. Todo es fruto de la capacidad de invención de la mente del yo, del deseo de no estar solos, de que la vida valga para algo, de que obedezca a algún fin, de que tenga un propósito. Pero, aparentemente, todo apunta a que, como ya se ha dicho, la mente del yo sea una esquizofrénica, una lunática, una demente, que solo existe en su propia imaginación, que es su propia creación, un intento vano de existir, de ser, de vida, de existencia, un delirio.

En el instante en el que la mente del yo sea capaz de comprenderlo, comprender su propia inexistencia, el vacío total y profundo y la nada infinita, suponiendo que eso sea posible, en ese instante uno no se habrá convertido en algo mejor, en algo mayor, no habrá ido más allá ni será uno con lo incomprensible ni ninguna de esas ideas de la mente egoica; pero, al menos, ese día habrá dejado de vivir una mentira, habrá salido de su propio infierno. El problema, en este plano de pensamiento, es la existencia y la idea misma de existencia. Y la muerte, recordamos, no tiene nada que ver con la no-existencia.

Cada vez que intentamos averiguar el sentido del camino, tenemos la sensación de chocar contra un muro. Y esa es una sensación real, porque ese muro representa los límites de la mente del yo, los límites de la esfera de conciencia que es capaz de realizar. Fuera de esos límites, fuera de esa esfera de conciencia, aparentemente existe la no-existencia, aquello que la mente del yo no puede llegar a comprender, el muro contra el que choca y no es capaz de trascender. Porque sigue mirando a la vida y a la muerte y a la infinitud con ojos de existencia, de vida, con la idea de muerte y con la idea de finitud. La mente del yo solo ve lo que imagina primero. Y eso es así porque, desde este plano, la realidad no existe más que en la mente del yo. Fuera de ahí, aparentemente, solo hay no-existencia, aunque duela darse cuenta. Sin embargo, uno se aferra a la existencia como un bebé se aferra al dedo de su padre cuando duerme. No podemos soltar, no queremos soltarnos. Necesitamos seguir pensando que somos, que existimos y que nuestras imaginadas vidas tienen un valor y un propósito. Nuestra idea de ser es lo único que nos mantiene con vida. Vivimos porque pensamos que vivimos. Pero únicamente vivimos en nuestra propia mente del yo.

La vida, en este plano, en este giro de la espiral, es este instante creado en nuestra mente del yo. De cada uno depende que este instante tenga un significado u otro. De cada uno depende vivirlo plenamente o con amargura. La vida, en este giro, es nuestra creación, nuestra decisión, nuestro invento. Fuera de la vida, aparentemente solo existe la no-existencia. Así que, mientras sigamos con la ilusión de que vivimos, vivamos como queramos. Nada es y nada importa. Y tampoco hay nada que podamos hacer para escapar de la vida. Ni tan siquiera la muerte nos ayudará a escapar de la vida.

Hagamos que la vida importe si eso es lo que queremos hacer, o hagamos justo lo contrario. A nadie, fuera de este plano, le importa y nadie va a venir a juzgarnos, porque, recordamos, este no es el reino de lo incomprensible y seguramente nadie va a venir a juzgar ni a los vivos ni a los muertos. Podemos intentar liberarnos de ese pensamiento, de esa idea de un ser supremo omnipotente y al que le importamos, porque aparentemente, en este giro de la espiral, no le importamos a nadie más que a nuestra propia mente del yo. Ella es la única interesada en mantenerse con vida, en ser feliz, en querer seguir con vida. A lo incomprensible, parece ser, al menos desde este plano de conciencia, no le interesa lo que entendemos por vida y probablemente ni tan siquiera sepa ni que vivimos ni qué significa la vida. Lo incomprensible es no-existencia.

Si hay alguien o algo superior a quien le importe lo que entendemos por «la vida», es probable que seguramente eso sea, una vez más, fruto de la imaginación, una invención de la mente del yo, otra llamada desesperada, otra llamada de socorro enviada al vacío. Si no le importamos a nadie, no es porque nadie nos odie o no nos quiera, sino porque, sencillamente, no existimos como pensamos que existimos. Y algo que no existe no puede recibir atención de nadie. Solo le importamos a la mente del yo, solo nos importamos a nosotros mismos. ¡Cuánto ego, qué falta de humildad!

En esta vida uno puede ser lo que se proponga: feliz, exitoso, fracasado, un santo, un buda... Lo que se le ocurra, aparentemente da igual. Pero nada de lo que aquí seamos, es decir, en esta idea de vida, importa en ningún otro lugar, porque aparentemente no existe ningún otro lugar parecido a este, y seguramente tampoco existe ni tan siquiera este lugar. Creer que la vida es sagrada, que uno es la mejor creación de lo incomprensible, que ha sido creado a imagen y semejanza de lo incomprensible o que es lo incomprensible, todo ello es fruto de la mente del yo. Todo es una triste mentira elaborada por la no aceptación de ese sentimiento de soledad infinita. La vida y uno son la huida del vacío que realmente somos. Y no se trata de intentar comprenderlo, porque no es entendible para la mente del yo, no es concebible para la propia vida, para la existencia. Porque lo incomprensible está más allá de la vida y de la muerte, está por encima de la existencia en cualquiera de sus formas. Porque lo incomprensible, de ser algo, ya lo hemos dicho, sería no-existencia. Y eso es inentendible desde la idea que tenemos de ser existencia.

Lo incomprensible es incomprensible e inalcanzable desde la vida o desde la muerte.

Y, sin embargo, en el camino, recorremos tramos donde lo incomprensible, el amor, la compasión, la paz... se hacen presentes.

No entendiendo.

Pero si ya nos cuesta la idea de no existir, de no ser, aún más nos cuesta la idea de no haber sido nunca. ¿Te lo imaginas? ¡¿Qué tomadura de pelo entonces ha sido todo esto?! ¿Para qué tanto sufrimiento, tanto esfuerzo, tanta energía gastada? Para nada, así de simple. En este caso no hay un «para qué»; si acaso, solo hay un «porqué»: porque somos pura invención, puro delirio. ¿Pero deberá haber un para qué, un motivo, un objetivo, un plan, una función? Así piensa la mente del yo desde su falta de humildad, desde su egoísmo. Si me han creado, ¡será para algo! ¡Y aunque sea insignificante, al menos soy algo, al menos soy, al menos existo! ¿No? Pues, aparentemente, no. No existimos como creemos que existimos y todo lo que sabemos, todo lo que conocemos, todo lo que creemos haber vivido, todo lo que es, en realidad, no es como creemos que es. Nada es como pensamos. Quizá proceda de ahí la insistencia de los budistas con el desapego y de los cristianos con la pobreza. Quizás unos y otros son conscientes de que nada es como pensamos y sienten compasión por el ego. Quizá no haya ni tan siquiera Uno ni haya Todo. Quizá solo haya no-existencia, y eso, en caso de ser así, resulta incomprensible para la mente del yo, tanto en la vida como en la muerte.

Podemos alargar la fantasía el tiempo que queramos, podemos creer en el más allá e incluso alcanzar ese más allá que hemos imaginado. Podemos creer en el cielo e incluso estar en el cielo o en el nirvana. Podemos llegar incluso a convertirnos en la idea de Buda o de Dios. Y a la mente del yo le parecerá absolutamente real y en su mundo lo será. Y podremos seguir así durante miles y miles de años o durante nuestra idea de la eternidad, pero es posible que nada de eso vaya a ocurrir nunca jamás, nada de eso está ocurriendo en este instante y nada de eso ha ocurrido nunca. Todo eso podría simplemente ser fruto de la imaginación, aunque parezca tan real y para uno tenga todo el sentido del mundo.

La mente del yo, ya lo hemos dicho, parece ser que ha creado su propio mundo y ha creado la idea del yo, y lo ha hecho para llenar el vacío, para sentirse acompañada, para no sentirse sola, huyendo de la soledad, alejándose, al hacerlo, de lo incomprensible. Porque lo incomprensible aparentemente podría ser vacío de yo, no-existencia. En este sentido, lo único que logrará cualquier cosa que la mente del yo invente para llenar el vacío va a ser perpetuar el sueño, el encantamiento, la hipnosis, la ilusión. Pero nada de lo que vemos, nada de lo que sentimos parece ser real, ni está ocurriendo ni ha ocurrido ni nunca ocurrirá. Todo parece ser fruto de la imaginación, y ni uno ni la imaginación parecen existir en realidad.

Si uno busca compañía, en cualquiera de sus formas, para evitar la soledad, tendrá que pagar el precio de dicha compañía, pero seguirá estando solo. No habrá ganado nada y habrá, quizá, perdido algo. En cambio, podemos intentar abrazar la soledad, porque esa es una de las pocas verdades que la mente del yo puede comprender.

La existencia del yo es la causa de la búsqueda de seguridad. El yo busca proteger su existencia. No nos cansamos de repetirlo.

No entendiendo. Y menos aún las líneas anteriores, cuyo objetivo no es establecer ninguna hipótesis nueva, sino simplemente esbozar escenarios disruptores con el fin de que la mente del yo se debilite.

Cruce de dimensiones

La mente del yo cree que vivimos en diferentes dimensiones a la vez. Las diferentes dimensiones se superponen unas con otras. Una misma persona tiene diferentes significados en función de la dimensión desde la que nos relacionamos con ella. En una dimensión puede ser una amiga y en otra puede ser un maestro espiritual que nos está enseñando lo que necesitamos en ese momento.

Cuanto más despiertos estemos, mejor veremos y mejor comprenderemos lo que está ocurriendo en las diferentes dimensiones que se están superponiendo en este instante. Vivimos, puesto que a esto que experimentamos y que somos lo llamamos vida, aunque vivir, como ya hemos visto, quizá sea otra cosa. Vivimos desde la conciencia del yo y la conciencia del no-yo en diferentes planos existenciales a la vez. Existimos —o eso pensamos— en diferentes dimensiones a la vez. La vida, o eso a lo que llamamos vida, es la existencia de la que somos más conscientes. Pero parece haber otras vidas u otras formas de existencia de las que también formamos parte. Darse cuenta de esas otras formas de existencia es revelador y sorprendente. Y aquí no incluimos la no-existencia por nuestra incapacidad de ni tan siquiera intuir su significado que, por otra parte, pensamos que carece de él.

La mente del yo se va dando cuenta de que no solo es lo que siente en esta vida, se va dando cuenta de otras existencias de las que apenas sabe nada, y ese despertar le conmueve. En espiral.

Somos conscientes de que hay personas con las que compartimos su existencia en diferentes planos existenciales. Y ese darse cuenta resulta fascinante. Eso de que «somos mucho más de lo que pensamos» parece ser un hecho irrefutable. Por eso a la mente del yo le fascina ir descubriendo ese «mucho más» que uno es. También somos mucho menos de lo que pensamos que somos. Aunque es posible que, además y a la vez, aunque no tenga ningún sentido, no seamos absolutamente nada ninguno de nosotros y de que solo seamos no-existencia, que no podemos ni imaginar lo que significa. Ya lo hemos dicho.

No entendiendo.

12. Fluir

Acentuamos la descripción de objetos, pensamientos y sentimientos en vez del movimiento que fluye entre ellos.

BOHM

La mente del yo no fluye

A la mente del yo le preocupa el devenir de las cosas. Está en un estado de permanente intranquilidad, imaginando el futuro. Es incapaz de permanecer aquí y ahora, tranquila, sin pensar en qué va a ocurrir a continuación. La mente egoica parece incapaz de fluir. Le gustaría profundizar en el significado de fluir. Vuelta a la cuneta.

¿Qué es fluir? Se entiende como dejarse llevar, soltar el control, permitir que las cosas ocurran, no forzar, aceptar. De acuerdo con esa definición, aparentemente uno fluye en algunos aspectos de la vida y no fluye en otros. Hay ciertas situaciones donde la mente del yo no fluye. Un análisis más profundo nos llevará a comprender que nunca fluye. Está todo el tiempo elaborando hipótesis sobre diferentes temas. Casi nunca está satisfecha con la situación actual e intenta escaparse de ella, y esa idea de escapar le genera ansiedad y sufrimiento.

La mente del yo no acepta lo que es. Pero eso es un hecho por sí mismo. ¿Por qué tendría que aceptarlo, conformarse con lo que es? ¿Por qué tendría que renunciar a intentar transformar lo que es para que sea algo diferente a lo que ahora cree que es?

Nada es como es para siempre. Todo es transformación. A veces, la mente del yo intenta acelerar o retrasar esa transformación. Es posible que, si aceptara siempre lo que es, tal y como es, quizá no se producirían ciertos cambios.

La mente del yo está hecha para transformar aquello que no le gusta en algo que sí le gusta. En ese sentido, es perfectamente coherente. Hacer lo contrario es luchar contra su propia naturaleza. No podemos, sin más, desconectarnos de ella, apagarla, porque únicamente nos identificamos con ella. Sin embargo, sí podríamos simplemente, como ya hemos dicho repetidas veces, observarla, desde nuestra propia mente, y llegar a conocer cómo es. El observador observado.

Intentar cambiar la propia mente del yo es un acto de violencia contra uno mismo. En espiral. Quizá no sea una cuestión de aceptación de lo que es y sea más una cuestión de comprensión de lo que es. A fuerza de observar y de hacerlo sin juzgar, quizá podamos llegar a comprender las actividades de la mente del yo, pero quizá nunca lleguemos a aceptar las cosas tal y como son percibidas por ella. Aquí hablamos de fluir, pero ¿por qué debería la mente del yo fluir cuando hacerlo supone aceptar las cosas como son en este momento y esas mismas cosas generan ansiedad? ¿Por qué fluir ante una situación que está generando sufrimiento?

Es verdad que uno podría entrenar la mente del yo hasta el punto de que acepte todo tal y como es y no sufra nunca. Pero ¿ese estado es real, es un estado de verdadera conexión con lo que es? ¿Es verdadera consciencia de lo que es? ¿O es, quizá, en algunos casos, un estado de pasividad, de adormecimiento, de desconexión?

Parece ser verdad que la mente del yo interpreta lo que es, lo traduce y lo amolda a lo que le gusta, pero lo contrario, es decir, ver lo que es y aceptarlo tal y como es, no es propio de la mente del yo. Comprobamos que no puede permanecer en calma ante lo que la inquieta. Es imposible, o propio únicamente para mentes entrenadas para no sufrir.

Uno ve belleza en intentar educar a la mente del yo en la compasión y en el amor, y en que la compasión y el amor permitan a esa mente egoica unas relaciones más armoniosas y un mayor bienestar. El problema, como hemos apuntado anteriormente, es que no puede permanecer impasible ante aquello que se le presenta, que es incapaz de quedarse al margen ante aquello que percibe, porque está diseñada para interactuar con lo que ocurre a su alrededor, no para permanecer inmóvil.

Podemos intentar observar las respuestas de la mente del yo ante todo aquello que la perturba o que la estimula y ante la decisión de caparla u obligarla a hacer constantemente aquello que no quiere hacer.

También podemos probar a dejarla en paz y aceptarla. Observarla con amor y no ir constantemente en su contra. La mente del yo, en apariencia, no puede fluir. Pero su observación desidentificada permite fluir con lo que es, ya que no hay un observador ni un observado. Se puede fluir con la observación pura y desidentificada de la mente del yo, y para ello hay que trascender la propia mente. La mente del yo no parece ser capaz de fluir, pero la no-mente parece ser completamente fluida.

El camino nunca es lineal. Recorremos los mismos tramos que ya recorrimos en su momento. En espiral.

Realizaciones

La mayoría de las cosas que nos preocupan no requieren de nuestra atención. Poner la atención en aquello que nos preocupa no hará necesariamente que se resuelva en el sentido que la mente del yo espera.

El yo es energía estancada. La sabiduría es energía en movimiento.

El problema con los sentimientos es que el yo se estanca en ellos en lugar de fluir con ellos. Los sentimientos, aparentemente, permiten a la materia conectar con el mundo, pero cuando aparece el yo, este se aferra a un sentimiento particular y deja de fluir. El ego solo escucha con la intención de reforzarse. No fluye.

La superficie del agua, en su quietud, permanece siempre horizontal. Solo el agua en movimiento, fluyendo, tiene inclinación.

Soltar es el proceso de experimentar las embestidas de la soledad sin resistencia.

Las cartas son las que son y no hay que juzgarlas, hay que jugarlas.

Jugar o juzgar.

¿Fluimos o huimos?

En la palabra «flu-yo» se encuentra atrapado el yo que cree fluir. Aparentemente no es uno quien fluye; es la fuerza de la «vibrosfera» la que llega a fluir libremente a través de uno cuando el estado de conciencia se aproxima o alcanza el vacío.

Fluir no es no influir. A veces fluir también lleva a influir.

Respirar. Pedir ayuda. No estamos solos.

Somos fluidos

Todos somos como el agua que tiende al mar. Hagamos lo que hagamos, se ponga por delante quien se ponga, siempre avanzamos hacia el mar, ejerciendo presión cuando algo nos contiene, erosionando todo lo que tocamos en nuestro inevitable viaje. Podremos dar rodeos, formar meandros, bajar con aguas tranquilas o rugir en aguas turbulentas. Pero antes o después, inevitablemente, acabaremos desembocando. Una vez comprendido esto, lo que queda por entender aquí es hacia qué mar nos dirigimos. ¿O acaso ya somos el mar?

No entendiendo.

La fuerza del flujo del universo

Cuando tenemos la intención de hacer cualquier cosa, ese mismo deseo impide que el universo fluya a través de nosotros. Al desear, se obstaculiza el flujo. Al aspirar a que algo salga como esperamos, obstaculizamos el flujo.

El flujo del universo solo fluye a través de la mente sin intención, sin objetivos, sin deseos, sin pasiones, sin control. El universo fluye y es la mente del yo la que capta ese fluir, intenta engancharse a él y controlarlo. Pero la fuerza del flujo del universo está fuera de la capacidad de control y de comprensión de la mente del yo. Y esta se da cuenta de que todas las intenciones son egoístas, proceden del ego y tienen como único fin alimentarlo.

La mente del yo se da cuenta de que no suelta, no deja hacer, no permite que se haga, lleva todo hacia donde quiere, tira y afloja a su criterio, controla, dirige, hace y deshace a su antojo. Es cualquier cosa menos una mente entregada al universo. No ha rendido el yo en ningún instante. Pretende llevar la vida que quiere llevar, pero adornada de misticismo y de santidad o de éxito y de vanagloria. Pero no es real.

Soberbia espiritual.

O fluyes o controlas. Pero no podemos fluir mientras controlamos, fluir en esto mientras controlamos aquello. O lo hacemos al cien por cien o no fluimos. Y esta mente, la mente del yo, no fluye. Al menos, se da cuenta de eso. Se da cuenta de que tiene su propia agenda, sus propios planes, sus propios sueños.

No permite que nada fluya. Obstruye todo flujo, lo obstaculiza, lo impide. Y utiliza toda la energía que tiene para lograr lo que se ha propuesto. No deja nada al azar, tiene todo controlado. No es capaz de soltar, de dejar ser. Vive tensa, preocupada, rígida, cerrada, protegiéndose, resguardándose, con miedo.

Eso no es fluir. Si hay tensión, no se está fluyendo. Si hay malestar, tampoco. Si hay tensión, hay intención.

La mente del yo es conciencia de existencia. Pero hemos dicho que quizá seamos no-existencia.

Fuera de la mente del yo.

Dios no nos puede ayudar, porque no hay un «quién» al que ayudar. Ya lo hemos visto. La identificación con un «quién» es un engaño del ego. Sin un «quién», no hay nada que tener ni nada que perder. Somos no-existencia, o no, y como conciencia de existencia ni ganamos ni perdemos, solo nos transformamos, somos energía. No podemos sentir ni gratitud, porque no somos un «quién». Desde ese giro de la espiral podemos ser gratitud como conciencia de experiencia del camino, pero no como un «quién» que siente gratitud.

La identificación con el «quién» es la primera y última cárcel, la primera curva del camino. La no identificación con el «quién» es la primera y última libertad. Pero no es la última curva del camino.

No se trata de aprender a no juzgar, se trata de que cuando la mente del yo se da cuenta de que no hay un «quién», no puede haber quien juzgue, luego no puede haber tampoco un juicio. No hay un juicio porque nadie juzga.

Cristo y Buda pueden ser comprendidos como estados de desidentificación con el yo, como estados de no-yo. O no.

Los pájaros trinan, pero ponerse a trinar no nos convierte en pájaro. Lo mismo con juzgar o no juzgar. Quien ha trascendido el ego, aparentemente, no juzga, pero no juzgar no nos va a ayudar a trascender el ego.

Respirar. Pedir ayuda. No estamos solos.

Decir «te amo» no es amor

I love you. Es imposible. Si hay un «*I*» y un «*you*», entonces no hay amor. El amor es incompatible con un yo, con un quién. Cuanto más piensa la mente del yo en otro, menos amor hay. Porque en ese caso hay un yo que ama, un yo que piensa y un tú a quien van dirigidos esos pensamientos.

El amor no es pensado ni está individualizado. Trasciende al individuo, a la mente del yo y a toda comprensión. El amor, desde este estado de conciencia del yo, únicamente puede ser pensado, pero no experimentado, saboreado ni realizado.

Saber transicionar.

Hay conciencia de cómo uno intenta agarrarse a algo y cómo esa intención nos genera tensión.

Podemos facilitar el amor u obstaculizarlo.

No se trata tanto de confiar o de soltar como de darse cuenta de que realmente no existe un yo que confía o que suelta.

Recibir, transformar, soltar.

Dejar ir también todo pensamiento que nos perturba.

A la mente del yo, curiosamente, también le cuesta dejar ir aquello que considera como malo o negativo. Uno imagina que ese querer recordar lo percibido como malo debe ser algún tipo de mecanismo de defensa del yo, de autoprotección, de supervivencia. La realidad es que la identificación con aquello que fue vivido como negativo, el recuerdo del trauma, el remordimiento, paraliza la mente, obstaculiza la libre circulación de energías vitales, impide el flujo de la conciencia de la existencia, de la pureza de la vida de la permanente transformación.

Hay que dejar ir también lo malo, despedirlo con gratitud, alegrarnos por la transformación.

Comprendemos, soltamos y hay transformación, hay vida, hay verdad, hay paz.

La abundancia no tiene nada que ver con la posesión. Uno ya es abundancia sin necesidad de poseer.

El yo es un proceso de deconstrucción de la mente libre basado en la idea de posesión de cosas materiales y de recuerdos mentales. El yo es la idea de carencia y de que esta puede y debe ser llenada con cosas.

Uno se ofrece. Ellos nos toman.

13. Felicidad y gratitud

Fe: ¿y por qué no?

El desasosiego y la falta de fe se retroalimentan.

Fe de felicidad. Con fe de felicidad.

Fidedigno: digno de fe y crédito.

Al observar de dónde nace la supuesta fe, descubriremos aquello que más tememos. La felicidad compartida se da solamente con aquellas otras mentes que le tienen a uno en sus sueños. La felicidad que depende de las circunstancias no es verdadera, es tan solo una sensación de felicidad.

Agradecemos y honramos el lugar en el que estamos. La mente egoica prefiere la felicidad a la conciencia. Pero sin conciencia no parece haber felicidad.

Sentimos gratitud por la experiencia que es el camino, esa es la verdadera iluminación.

En cuanto el ego se desvanece un poco, se sienten las caricias y el amor infinito de lo incomprensible. En ese momento, uno solo siente gratitud y plenitud. Se siente felicidad en aquellos lugares donde los árboles son más altos y más numerosos que los edificios.

Podemos probar a permitirnos disfrutar de cada momento. A no sabotearnos.

Finalizamos este capítulo recordando que el yo es profundamente ingrato.

Y un día me levanté del sofá y me puse a bailar, solo, feliz, feliz de estar bailando solo, disfrutando, celebrando la vida. Y las lágrimas me llenaban los ojos de felicidad, de gratitud, de amor. Pero aquel no era yo, aquello en aquel momento era experiencia del no-yo, siendo su recuerdo experiencia del yo.

La felicidad brota de manera espontánea desde el no-yo.

Mientras sientas cualquier otra cosa que no sea puro amor y pura gratitud, no estarás realizando la palabra de Jesús. Sí, sin duda, el Cristo y su doctrina de amor al prójimo y alejamiento de la pura ambición material también planea sobre estas páginas, al igual que el «no entendiendo» de la mística y otras influencias inspiradoras, pero también hemos advertido que aquí no se abraza una confesión concreta y se ha pedido disculpas por si algún lector —ojalá no ocurra con nadie— se molesta por tomarnos ciertas libertades.

Quizá descolocado, quizá innecesario, pero adelanto aquí la que entiendo, de forma muy concentrada, como tríada espiritual en pos del camino:

- Salir de uno mismo. Necesario para ver el camino. El bautismo. Ver el tao.
- Disposición, compromiso. Necesarios para recorrer el camino. El desierto. No caer en tentaciones. Comenzar el tao.

- Servir, entrega del yo. Necesarios para ser el camino. Dar testimonio del amor de Dios. Encarnar el tao.

Dicho.

Agradezco, conecto y confío. Gratitud, conexión y fe.

No es lo mismo ser feliz que estar feliz.

Uno desconoce todo, pero confía y agradece. Fe y gratitud, a pesar de la ignorancia.

La verdadera generosidad surge desde la verdadera gratitud, y esta es posible únicamente desde la humildad, desde un estado de no-yo.

Padre, hijas y Espíritu Santo. Que así sea.

Sentado en un banco, a la sombra de un majestuoso árbol, escuchando el cantar de los pájaros y el correr del agua, uno se siente en paz. Delante de mí está el jardín del edén, a su derecha el jardín judío, a su izquierda el islámico, a continuación, el cristiano y un poco más allá, la nada. Uno se deleita ante la visión de tanta belleza y da gracias por la experiencia.

Recuerda la alegría e invítala a volver.

¿Fin?

Terminamos esta colección de cinco libros cumpliendo con lo que dijimos al principio, que no íbamos a dar respuesta a ninguna de las inquietudes de ningún lector. Advertimos de que nadie buscara aquí respuestas, que esto no era un manual de autoayuda ni una guía espiritual, ni tan siquiera un tratado de psicología más o menos barata.

Este es el simple testimonio de algunos tramos del camino recorridos por la mente del yo que ha escrito estos libros. En ellos, he intentado recoger aquellos tramos más dolorosos del camino y aquellos otros de infinita felicidad. Esta mente egoica no intenta iluminar a nadie, puesto que ella misma no ha sido iluminada. Únicamente quiere dejar por escrito parte de lo que ha sido su existencia vital, parte del camino que ha recorrido, por si en algún momento puede servirle de compañía a alguien que esté pasando justo por ese mismo tramo.

Se ha entendido que el camino es el de todos, que nos vamos a encontrar en algún tramo de este y lo vamos a recorrer juntos durante algún tiempo. Uno sabe que ese encuentro no va a ser necesariamente físico, sino que va a ser un encuentro espiritual. Sabe que cuando nos encontremos ninguno de los dos va a tener ninguna duda de que el encuentro es real, aunque no nos veamos. Nos vamos a ver sin el velo del yo, sin la escafandra de la astronauta, y enseguida nos vamos a reconocer.

Voy a estar siempre ahí donde hace falta, ahí donde lo incomprensible me envíe. Estaré siempre ahí, disponible, cercano, dispuesto a ayudar, feliz de poder hacerlo. Voy a estar siempre agradecido por la experiencia del camino y nunca seré capaz de expresar con toda su intensidad la profundidad del agradecimiento que siento en mi corazón.

Sé que este tramo del camino va a terminar pronto y por eso aprovecho estas líneas para despedirme con amor de aquellas otras almas con las que he podido compartir parte del trayecto. Marcho sin rencor, con gratitud, con amor y deseo a los que continúan en esta parte del camino que sigan a su intuición, que se dejen hacer, que confíen, que caminen con los ojos y el resto de los sentidos bien abiertos, que vean la magia según esta se despliega ante sus ojos.

Uno se marcha con la conciencia de haber hecho lo que le tocaba hacer, aunque nunca supiera cuál era su propósito. Y se marcha feliz, porque en este tramo del camino se ha encontrado con verdaderos ángeles que me han cuidado, así como a aquellos a los que uno ama. Y también marcho agradecido por haber coincidido con aquellos cuya herida ha impedido que pudieran conectar con la plenitud que se obtiene al conocer lo incomprensible.

Me voy confiando en lo incomprensible. Marcho y todo está bien. Marcho de aquí, sabiendo que no existe aquí ni allí, antes ni después, arriba ni abajo, ni uno ni los demás.

Este es un camino fidedigno que merece la pena ser recorrido con los ojos, el corazón y los brazos abiertos de par en par.

Respirar. Pedir ayuda. No estamos solos. Este es el mantra.

Conciencia. Amor. Paz. Este, también.

No entendiendo.

Gracias, Al, por compartir con nosotros una parte de tu camino.